奇跡を起こす
魔法の5ヶ条

第1条
"BELIEVE IN MAGIC"
魔法を信じること

第2条
"BELIEVE IN YOURSELF"
自分を信じること

第3条
"BELIEVE IN LOVE"
愛を信じること

第4条
"BELIEVE IN DESTINY"
運命を信じる

第5条
"BELIEVE IN ACTION"
自分の行動を信じる

Prologue
魔女になりたい？

この本を手にとったあなたは、多かれ少なかれ魔女という存在に心が惹《ひ》かれているのではないでしょうか？　もしかしたら、『魔女の宅急便』や『ハリー・ポッター』などの魔法にかかわるアニメーションや映画を何よりもワクワクして、見ていたのでは？

実は、すでにあなたは魔法について何らかの知識があるのではないでしょうか？

魔女とはどんな生き方をしているのかを知ってもらい、毎日を魔法とともに、あなたらしく幸せな人生を送ってほしいという願いをこめて、この本を書きました。

自覚があろうがなかろうが、女性には誰にも魔女性があり、自分が「魔女になる」と決めさえしたら、魔女としての人生が始まります。

あなたは、魔女になりたいですか？

この時点で、それを決めても、あるいは迷っていても、どちらでも大丈夫です。

そして、たとえ魔女になっても、魔女という人生は、あなたの選択で、いつでもやめることができる、ということも知っておいてください。


魔女に対してのたくさんの誤解も、歴史のなかで綴《つづ》られてきました。

たとえば、魔女が魔法を使って自分の欲しいものを手に入れるなどが、童話のなかで取り上げられていますね。

本来の魔女は、いたって、シンプルな存在です。

一言でいえば、魔女は自然界ととても仲良しで、自然と宇宙のパワーを自分やまわりのために活用しています。あなたもきっと、その一人かもしれませんね！

本書を読んでいくなかで、魔女的生き方を、いまから始めたい、もっと深めたいと思って毎日の暮らしのなかで活かしていただけたら、人生が驚くほどの幸せに満たされていくことでしょう。そんな自分に出会うために——。

さぁ、それでは、魔女って何かをもう少し知っていただきましょう。

魔女って何か？

魔女と呼ばれる人は、「魔法を使う女性」のことです。そして、魔法を使う男女は「魔法使い」と呼んでいます。

とくに「魔女」という言葉が使われているのは、女性は、男性とは違った形での魔法を使えることから、「魔女」が固有名詞になったのではないかと思います。

女性にあって男性にない「月経」は、月の周期と関係しているといわれています。

月の周期は29・5日で、月経の周期は28日です。女性のからだは自然と、月の周期と同じ周期だったということです。これを見るだけでも、女性は月のパワーと深くかかわっているということがわかります。

魔法の一つには、月のパワーをどのように活用して、願いを叶《かな》えるか？　というものがあります。

また、ダイエットは不要なエネルギーを解放することでもありますが、それさえも、月の満ち欠けのパワーを借りて行うことができるのです。

そのように、自然の摂理《せつり》と深くつながって、自然のパワーを自由自在に活用するのが魔法であり、それを司《つかさど》るのが魔女の役割だといえるでしょう。

自然界について少し分類をしておくと、大きく分けて３つの世界があります。

３つの世界とは「鉱物界」「植物界」「動物界」ですが、そうした世界とかかわって、魔女は魔法を使っています。


幼い頃に読んだ童話にも、魔女が登場していたのを覚えていますか？

たとえば、『シンデレラ』では、魔女はシンデレラを手助けする役割を果たしていました。魔法で、かぼちゃを馬車にしたり、ハツカネズミを白馬にしたり、トカゲをお供《とも》にして、シンデレラを、お城の舞踏会《ぶとうかい》に行かせました。

それとは反対に、童話には怖い魔法を使う魔女も登場します。

たとえば、『眠れる森の美女』は、邪悪な魔女に魔法をかけられてしまうという話ですが、魔女がそんな魔法をかけたのは、人間によって傷つけられたことが原因でした。

もともと魔女は邪悪な存在ではなく、魔法を使うには、純粋な意図をもって使うことを知っています。

『眠れる森の美女』では、その純粋な心が傷ついた魔女が「呪《のろ》い」を使ってしまったわけですが、それには、童話を通して、子どもたちに倫理や善悪を教えるため、という役割があったのです。

魔女には大切な約束事があります。

それは、自然と宇宙と調和することです。そして、人間関係においても、自分もまわりも幸せになることを意図して、自然と宇宙のパワーを活用して、日々を過ごします。

魔女は決して邪悪な存在ではありません。

魔女とは何かを知るために、魔女が実践していることをリストアップしておきましょう。

魔女がやること

□幸せになるために自分を磨く
□毎日楽しみを見つける
□植物や動物とかかわって、仲良くなる
□植物のパワーで美しくなる
□動物たちが教えてくれる「今ここ」に集中する
□自然界からの恩恵に気づく
□月の周期を日常生活に活かす
□宇宙のパワーを味方につけて、夢や願いを叶える
□自分やまわりの人の本質とかかわる
□自分にもまわりにも愛をもって接する

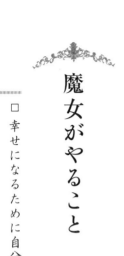

□毎日のなかに幸せを発見する
□自分の大好きなことに時間をかける
□直感を使って、見えない世界の情報を現実に活かす
□すべては可能だと信じる力で言葉を発する
□世界の矛盾《むじゅん》を楽しむ
□冒険心と好奇心をもって新しい体験に臨む
□夢や願いを叶えるために祈る(想いを馳《は》せる)

そして、魔女のイメージで誤解されていることをリストアップして、魔女の本質をお伝えしておきましょう。

□おまじないをかけて、人を呪う
□人に不幸をもたらす
□人に恐怖を植えつける

□自然を操《あやつ》り、人を困らせる
□人を動物やモノに変えたりする
□悪魔と契約を結んで、人をコントロールする

魔女は自分らしく生きている

誰かに強制されたり、親が魔女だから、その子どもは魔女にならなければいけないという掟《おきて》はありません。

誰もが、宇宙の法則で、自由意志を尊重されています。

だから、誰かに魔女になれといわれたから、魔女になる必要はありません。

あなたが、魔女になって、魔法を使えるようになるかは、あなたが決めることができるのです。魔女は自分で決めて、魔法を使えるようになるのです。

魔女には、とてつもない根源のパワーがあります。

それがどうして与えられたかといえば、魔女は自分の自由意志と同じく、自分の人生に１００％の自己責任を負《お》っています。そうしたパワフルな意志を内側にもって、魔女は魔法を使うことを決意しています。

魔女は自分の人生にコミット（決意）して、魔法を学びます。そのなかで、何よりも大切なことは、自然体で自分らしくいることです。


自分らしくいる、ということについて、あなたも考えたことがあるでしょう。

魔女になることは、自分らしくいることへの決断の一歩なのです。

なぜなら、魔女に求められる大事なことは、自分に偽りがなく、正直で素直であることです。だからこそ自然界や宇宙は、魔女にそのパワーを預けてくれるのです。

そして、自分自身のもっている可能性にも純粋に取り組んで、素直に自分が成長することを信頼しています。

「自分らしいこと」を感覚的に身につけて、自分のハートの声を聴きながら、自分にとって本当に大切なことに気づいて、人生の選択をしていきましょう。

魔女だからといって、四六時中、魔法を使うわけではありません。本当に必要だと心から感じたことに準じて、魔女は魔法を使っています。


人生にはたくさんの選択肢があることを、魔女は知っています。そして、自然界と宇宙のパワーを味方につけて、何がベストかを自分で選び、実践しています。

あなたの人生にもたくさんの選択肢があり、自分の意志でいちばん幸せに感じることを選んでいける。そう思ったら、どんな人生を選びますか？　きっと、ワクワクしたり、何か希望がもてるようになって、人生がどんどん楽しくなってくるでしょう。


魔女はどんな境遇に置かれていても、何をしていくかを自分で決めて、行動を起こしていきます。そして、その状況にぴったりくる魔法を選んで実践していきます。

そんな魔女の一員に、あなたもなったとしたら、どんな人生が始まると思いますか？

ここから始まる魔女入門の書には、あなたがあなたらしく、自由自在に、人生を選んでいくためのヒントがたくさん用意されています。

まずは、あなたが、

「自分らしく生きていく」

ということを自分に宣言することからスタートしてください。そして、いよいよ奇跡を起こす魔法にちょっと、足を踏みこんで体験してみましょう。

奇跡を起こす魔法の5ヶ条

あなたにも奇跡が起こせる魔法を紹介しておきましょう。

「えっ？　私に奇跡が起こせるのか」――そんなことは信じがたいことかもしれません。

でももしも、あなたが奇跡を起こす魔法が簡単にできるとしたら、やってみますか？

奇跡を起こす魔法を使うには、あなた自身が決めなければならないことがあります。

それは、あなた自身が奇跡を起こすということを信じる、その力をもつかどうかです。

奇跡を起こす魔法の第1条は、"BELIEVE IN MAGIC"(魔法を信じること)。

魔法を信じること。

そのために必要なことがあります。

あなた自身がシンプルになることが求められます。

シンプルにというとイメージはそれぞれあるのですが、ここでいうシンプルというのは、考えすぎずに、純粋に魔法に取り組む姿勢をもつことです。そして、感じる力を使いこなすことです。

「感じる力」という言葉には、五感も含め、五感を超えた直感を使うことや、見えないものを見る感覚に対してオープンになって、それを使ってみることです。

奇跡を起こす魔法の第2条は、"BELIEVE IN YOURSELF"（自分を信じること）。

自分を信じること。

誰でもない魔法を使う自分自身が、自分を完全に信頼してあげることです。

あなた自身が望んでいることが実現するためには、あなたが、すでにスイスイとその現実を創造している主人公である自覚をもつことです。

奇跡を起こし、奇跡を体験するのは、あなた自身ですから、あなたの望んだ現実という物語の脚本家はあなたであり、その主人公もあなたです。

ここまで、決意をして、自分を信頼することができたら、魔法は叶います。

奇跡を起こす魔法の第3条は、"BELIEVE IN LOVE"（愛を信じること）。

愛を信じること。

あなたのなかにある、もっとも大切な魔法の本質は愛です。

あなたのなかにある愛という感覚を大切にしながら使えば、魔法は自分にとっても、まわりにとっても幸せを与えることができるのです。

魔法には実は、自分だけが得をするという概念はありません。自分の幸せを手にすることで、まわりにもその恩恵がやってくるのが本物の魔法なのです。

その中心にあるのが愛という周波数なのです。この周波数を他の言葉で表すと、心地よさ、心の安らぎ、安心、優しさです。


奇跡を起こす魔法の第4条は、"BELIEVE IN DESTINY"(運命を信じる)。


運命を信じること。

あなた自身が、この時代に生まれることを決めた本人です。

生まれる前からどんな人生を生きるかを選び、その人生に沿った脚本を書いたのも、あなたなのです。そして、あなたの脚本は本人が決めたものだからこそ、いつでも書き換えることができるのです。

運命はあなたの人生が、あなたにぴったりくる道のりを示してくれます。それは、あなたらしくいちばん幸せな人生を生きるために、あなたが仕組んできたのです。だから、運命を信じることで、自分軸をもって、いまの人生をどうするかを選ぶことができるようになります。

奇跡を起こす魔法の第5条は、"BELIEVE IN ACTION"（自分の行動を信じる）。

自分が決めたことを行動に移すこと。

あなたがどんなことにしろ、自分がやると決めたことを迷うことなく、行動に移すと、あなたがかけた魔法は、叶っていきます。

魔女が奇跡を起こすときは、確信をもって行動に移すので、自然界も宇宙も応援してくれます。

自然界の応援は、あなたが具体的にアイデアを形にするために力になってくれます。

だからこそ、自然界とのつながりをもつために、魔女は頻繁《ひんぱん》に自然のなかで過ごします。

そして、宇宙の応援は、あなた自身がより高い意識へと向かうサポートをしてくれます。

あなたが、魔法を叶えるために働きかけてくれます。あなたが宇宙の高い周波数を取りこんで、最高の視点から魔法を叶えていく手助けをしてくれます。


奇跡を起こす魔法の５ヶ条を念頭において、これからあなたも魔女の世界がどんなものかを体験して、あなたという神聖な存在を思い出していきましょう。

さぁ、心の準備はできましたか？

魔女入門の旅へと出かけましょう！

【目次】

Prologue 魔女になりたい？

魔女って何か？……3
魔女がやること……6
魔女は自分らしく生きている……8
奇跡を起こす魔法の5ヶ条……11

Lesson 1 魔女の歴史と受け継いできたもの

多様な魔女の歴史のなかの宝物とは？……28
物語に登場する魔女たち……35

魔女はどうして生まれたか……42
あなたが前世で魔女だった確率は何%?……44

Lesson 2
魔女のアイテムで愛と豊かさを引き寄せる

信じる気持ちを循環させていく……50
魔法の基盤は愛にあります……57
自分もまわりも幸せにする魔法……67

Lesson 3
魔女の食事とティータイム

魔女が食べてはいけないもの……72
魔力がつく食べ物とは？……75
シーン別、タイプ別のお茶の選び方……80
魔法のハーブティータイムの楽しみ方……82

Lesson 4

魔女の見えないものを見る透視術

才能がないと透視できない？……94
神聖な運命を開く3つのゲート……96
誰でもできる透視の方法……111
ステップ1　純粋な空間をつくる……112
ステップ2　純粋な自分の意識状態になる……113
ステップ3　「魔法の透視術」をスタートさせる……114
ステップ4　透視した情報を腑に落とす……117

ステップ5　感謝で終了する……119
見えないものを見る力で、あなたは何を見るか……120

Lesson 5

魔女のアクセサリーと魔法の杖

クリスタルに秘められたパワー……124
魔法の杖の使い方……134
魔法をスタートさせるときの五芒星の描き方……136
魔法の杖を使って、魔法を実践する方法……138
癒やしの魔法……138
空間を聖域にする魔法……141
願いを叶える魔法……142
魔法を終了させるときの五芒星の消し方……143
あなたに必要なクリスタルのアクセサリーとは？……145

仕事運をアップするクリスタルの魔法［タイガーアイ］……147
金運をアップするクリスタルの魔法［ルチルクォーツ］……147
夢を叶えるクリスタルの魔法［アイオライト］……148
恋愛運をアップするクリスタルの魔法［ピンクトルマリン］……148
人間関係を楽しめるクリスタルの魔法［ターコイズ］……149
自分の可能性を開くクリスタルの魔法［モルダバイト］……150
ダイエットを成功させるクリスタルの魔法［クリアクォーツ］……151
魅力をアップするクリスタルの魔法［マザーオブパール］……151
ストレスを解消するクリスタルの魔法［マラカイト］……152
透視能力をアップするクリスタルの魔法［アメジスト］……152
決断力をアップするクリスタルの魔法［シトリン］……153
生命力をアップするクリスタルの魔法［ガーネット］……154
自信をつけるクリスタルの魔法［サンストーン］……154
自分をネガティブなものから守るクリスタルの魔法［ヘマタイト］……155
人生に幸運を引き寄せるクリスタルの魔法［モルガナイト］……155

Lesson 6

魔女のハーブとアロマセラピー

魔女の愛したハーブの種類……159
アロマセラピーで心とからだを整える……172
オーラを浄化するアロマスプレーのつくり方……173
アロマバスの魔法……176
聖域をつくるアロマの魔法……178
いまのあなたに必要なアロマセラピー……183
樹木アロマの魔法……184
フラワーアロマの魔法……186
ハーブアロマの魔法……188
フルーツアロマの魔法……190

Lesson 7

魔女の魔法と月の魔力

月夜には奇跡が起こる？……195
月が教えてくれること……199
新月の浄化の魔法……203
新月の現実化の魔法……204
上弦の月の魔法……208
満月の魔法……211
満月の感情解放の魔法……212
満月の感謝の魔法……214
月の魔法で本来の自分ではないものを手放す……216
下弦の月の魔法……217
月の力を味方につけるには？……220

Epilogue

魔女として生きる覚悟

神聖な自分と出会う
魔女入門

自然のパワーを引き寄せ、
味方につける7つのレッスン

Illustration
加藤木 麻莉

Lesson

1

魔女の歴史と受け継いできたもの

多様な魔女の歴史のなかの宝物とは？

魔女についての歴史は、どこまでたどっていけばいいでしょうか？
魔女についての本を読んでみても、さまざまな情報があります。
ここでは、私自身が目にしたことと、自分自身の過去世について思い出したことも含めて伝えていきます。また、この本で初めて、過去世について目にする方もいるかもしれませんが、いったん魂は転生することがあるという前提で読んでいただき、腑に落ちること落ちないことは、少しあとで考えてみてくださいね。

歴史として残されている内容はどちらかというと、ある一面をさまざまな角度で語られていたように思います。

どれが正しいかということは、魔女に対してどんな視点で歴史を見るかで変わってきます。

たとえば、過去世で魔女であったという記憶のある方々や、スピリチュアルなセッションを受けて過去世で魔女をしていた時代があったと言われた方々が、魔女について、今この時代に何を知って、どのように魔法を使いたいかで、見えてくるものが違います。

魔女が存在していたのは、レムリア時代という超古代の文明に遡《さかのぼ》ります。地球で哺乳類が出現したのは中生代が始まる2億5000万年前といわれていますが、丁度その5000万年後の2億年前から、5000万年前まで、続いていたといわれています。

レムリア時代には、魔女という言葉以外の言葉で、魔女の役割を果たしていた神官たちが存在していました。レムリアの神官が魔女の才能の原型をもっていました。そして、レムリア時代は男女とも全員が神官として存在していました。

なぜならば、すべての存在は、神と一つであり、神の資質を備えていることを知っていたからです。

この時代には、それぞれの才能を自然に活かし合い、お互いが肯定《こうてい》し合うことが普通にできていたのです。

全員が魔法を使える文明のなかにある教えは、「天にあるもの、すべてここにある」ことでした。この教えを実践していたので、誰もが魔法を使いこなすことが習慣としてあったのです。

この教えの実践は、人間には無限の可能性があり、目に見えないものを形にすることであり、人々はそれができることを知っていたのです。

具体的には、心のなかに浮かんでいることが、どのように実現するか？　ということを深く理解し、実現していたのです。

たとえば、イルカとコミュニケーションをすることを望んだレムリアの神官は、イルカがどのようにコミュニケーションしているかを心のなかに浮かべ、自らがイルカの意識にアクセスして、イルカにコンタクトをとって、イルカを海岸に呼び寄せ、海底に存在している生き物について教えてもらうということを可能にしていました。

また、植物についても、現代科学で成分を検査するようなやり方ではなく、植物と会話することで精霊とかかわって、人間に対してどのような働きをして、どのように使えばいいのかということを教えてもらう能力がありました。

また自然界とのかかわりだけではなく、宇宙とのかかわり、夜空に浮かぶ惑星とのかかわりももって日常を営んでいました。

宇宙を仰《あお》ぎ、宇宙の法則を地球上で実践し、人生がどれほどまでに価値あるものであるかを分かち合っていました。星の運行を知り、それによってポジティブにもネガティブにも生きられる可能性を学び、活用していたのです。

レムリアの神官たちは、すべての存在に秘めた可能性があることを知り、それらを活かしていくことが自然にできていたのです。

レムリア時代から現代の魔女に伝えられている大切な法則は、「神聖ワンネスの法則」です。この法則は、自分がかかわるすべてと自分が深くつながり、切り離すことはできないことを教えています。

すべてのものに神聖さがあることを信条として生きていたのです。自分のことも誰のことも、環境さえも傷つけることのない世界観を、シンプルに実践していたのです。

この世界観は普段の生活を通じて、男性も女性も対等な関係をもちながら、男女が神官としてのそれぞれの役割を果たしていたのです。


レムリアの文明を経て、アトランティス時代が始まったときにも、神官は同じように存在していました。アトランティス時代は、1万2000年前の天変地異まで続いたといわれています。


レムリア時代から受け継がれてきた世界観でスタートしたアトランティス時代は、神官たちの叡智《えいち》の一つ「すべてが可能である」という前提に立って、そうであるなら、「二元性の法則もまた可能である」ということを実践することを選んだのです。

「二元性の法則」とは、「世界や事物の根本的な原理として、それらは背反《はいはん》する二つの原理や基本的要素から構成される」というものですが、それは光と闇を顕著《けんちょ》に映し出すことを可能にしました。

そのために、アトランティスの文明で初めて紹介された意識は、

「進化するために犠牲は免《まぬが》れない」

「闇は光に勝《まさ》る」

「愛と恐れ」

「信頼と不信」

などの相反《あいはん》するエネルギーでした。この意識が後に魔法の世界にも白魔術と黒魔術へと発展する影響を与えました。


魔女に少しでも興味のある方は、中世のヨーロッパで起きた「魔女狩り」について、耳にしたことがあるでしょう。

中世の魔女狩りには、キリスト教が関与していると語られています。自然を崇拝し、自然の力を自由自在に活かして、自然治療などを行う魔女の集団を悪として、処罰することが必要だと考えた時代に起きた出来事です。

しかし、歴史の一コマだけを取り上げて、本質を見失うことはできません。もともとの原点となる意識を生み出したのは、アトランティス時代に魔女の原型に近い神官がつくり上げた「二元性の法則」です。魔女狩りとは、それが事の発端となり、中世まで持ち越した出来事であったということです。

「いま現在」という、歴史を紡《つむ》いで未来への架《か》け橋となっている時代に、魔女の役割として大切なことがあります。

本来の人間が大切にしていた自然界との深いかかわりと宇宙の法則の実践を復活して、「神聖ワンネスの法則」を再現することです。

「ワンネス」とは、違いを排除することなく、個々に素晴らしい才能があることを絶対的に信頼したうえで、協力体制をつくり、ともに共同創造していくことをいいます。

この法則を再現することで、「天にあるものすべてここにある」というシンプルな魔女の教えが再び稼働《かどう》しはじめます。

そうすると、すべての人には、神聖さがあり、その人が純粋に望んでいることは絶対に叶うことが日々実現していく時代になっていきます。

物語に登場する魔女たち

小さい頃から自然に、魔法や魔女についての物語に触れてきたことでしょう。そうした物語は、あなたの魔女についての概念《がいねん》や世界観にも多かれ少なかれ影響を与えています。

ここでは、いくつかの童話や物語に登場してきた魔女や魔法使いを紹介して、魔女が受け継いできた価値観や世界観に気づいていきましょう。

何よりも、魔女の本来の役割や在り方を理解しておいてほしいのです。

童話には、魔女は善の役割、悪の役割で、登場することがあります。

「善なる魔女」の代表作は、『シンデレラ』です。継母《ままはは》と義理の姉たちにいじめられ、舞踏会に出席ができないシンデレラを助けたのが、「フェアリー・ゴッドマザー」と呼ばれる魔女です。

魔女は、かぼちゃを馬車に変え、灰色のねずみを御者《ぎょしゃ》に、ハツカネズミを白馬に変え、トカゲをお供に変えました。そして、ドレスに魔法をかけ、ガラスの靴を履かせて、シンデレラを王子の待つお城へと送り出したのです。

魔法を使って、その人が幸せを手にするための援助者、これが『シンデレラ』に登場した魔女に与えられた役割で、それを見事に果たしたわけです。

『白雪姫』では、白雪姫の継母となった魔女が魔法の鏡に問いかけます。

「世界でいちばん美しいのは誰？」

そして、「あなたこそ、世界でいちばん美しい」と鏡に言わせたのです。

ところが、白雪姫が7歳になると、魔法の鏡は、「世界でいちばん美しいのは白雪姫です」と答えたのです。

魔女は家来に白雪姫を殺させようとしましたが、白雪姫は守られて、森で暮らしはじめます。それがわかった魔女は、りんごに毒を封じこめて、白雪姫にそれを食べさせたのでした。

『白雪姫』では、魔法を使う白雪姫の継母は「悪なる魔女」として表現されています。この物語の結末は、白雪姫が王子様に助けられ、息を吹きかえします。

これについての解釈はさまざまにあるようですが、たとえ悪意のある魔法をかけられたとしても、純粋な心は決して、それに屈《くっ》することはない、ということがあります。そして、悪意のある魔法は、最終的には叶えられないことを教えてくれています。

『眠れる森の美女』には、13名の魔法使いが登場します。

子宝に恵まれなかった王と王妃のあいだにやっと授《さず》かった王女様のお祝いに招かれたのは、13名中の12名の魔法使いでした。お城には12枚しか金のお皿がなかったために、13名の魔法使いを招くことができなかったのです。

招かれた12名の魔法使いは、美や徳、富といった祝福を王女に与えました。11人目が祝福を伝えたとき、招かれなかった魔女がやってきて、王女に呪いをかけました。

それは、「王女が15歳の誕生日を迎えたら、紡《つむ》ぎ車の錘《つむ》が刺さって死んでしまう」という魔法です。

誰もその魔法を解くことはできませんでした。けれども、招かれた12人目の魔法使いが、王女様にかけられた魔法を弱めて、死ぬのではなく、そのかわりに100年のあいだ眠りについて目覚めるという魔法をかけました。

『眠れる森の美女』では、「善なる魔法」と「悪なる魔法」が使われたわけです。

呪いの魔法をかけた魔法使いは悪者になっていますが、その背景には、人間の決断の結末があります。金のお皿が足りないという理由で、一人の魔法使いを招かなかったのです。その結果、疎外《そがい》された魔法使いが悪事を働く結果を生み出したのです。

宇宙の法則には、「因果《いんが》の法則」があります。それは、何かが起きるのには、原因があることを教えています。

これは、一つの解釈では、ネガティブな行動を起こすと、結果もネガティブなことが自分に還《かえ》ってくることを表しています。

しかし、魔女の世界観においての「因果の法則」は、12名の魔法使いが王女に与えたように、美や徳、富などの祝福を与えることによって、祝福が自分にもまわりにも実現するということです。

幸せを与えたら、幸せが自分にも還ってくることが真実の「因果の法則」なのです。
だから、魔女が魔法を使う本当の意味の一つは、幸せを循環《じゅんかん》させることなのです。

1997年に刊行された『ハリー・ポッターと賢者《けんじゃ》の石』はベストセラーとなり、2001年には映画化されました。このフィクション小説で魔法の世界が一般の人々にも身近なものとなりました。

ハリー・ポッターの物語にも、「善なる魔法」と「悪なる魔法」を使う魔法使いが登場し、いちばん大切な魔法の本質が伝えられています。

それはハリーが赤ちゃんのときに、両親が「悪なる魔法」を使う魔法使いのヴォルデモートに殺されたのですが、ハリーだけは、額《ひたい》に稲妻の形の傷があったことで、命は奪われませんでした。このことは、真の魔法は愛によって守られている、ということを表しています。後に明かされたことですが、ハリーの命を救ったのは母親の愛の力だったのです。

海外の魔女や魔法使いの話は、伝説や物語に数え切れないほど残されています。

日本での魔女のイメージは、多くはアニメの世界で表されています。古くは『魔法使いサリー』や『魔女っ子メグちゃん』、スタジオジブリの『魔女の宅急便』などが代表的なものですが、それらの魔女は「善なる魔法」を使って、人間の問題を解決したり、援助する役割で表現されています。

これからの時代に魔女が発揮《はっき》するのは、「善なる魔法」です。

「善なる魔法」は、童話や物語にも共通していることがたくさんあります。

自分もまわりも幸せになることに貢献《こうけん》すること、純粋で透明な心でいること、決して誰かを傷つけないことで、魔法が働くのです。

不透明で激変する時代のなかで、「善なる魔法」を使って人生を送る人が増えたなら、どんな人生が始まるでしょうか?

きっと透明でシンプルな日常が始まっていくでしょう。

自分の才能も、まわりの才能も自然に発揮することができるので、誰もが夢を叶えられるでしょう。幸福感に満ちあふれた人間関係や環境が築きあげられていくでしょう。

魔女はどうして生まれたか

超古代文明のレムリア時代からスタートしている魔法の世界観から見ていくと、「すべての人は魔法が使える」という説にたどり着きます。

レムリア時代には、それぞれの担当する自然界とのかかわりや、宇宙とのかかわりが自由自在にできていて、魔法を使うことは、私たちが挨拶をする習慣があるぐらい、ごく当たり前のことだったのです。

さらに、歴史とともに、二元性の世界観で生きる時代から、自然界や宇宙のエネルギーを生まれながら使える家族と、そのようなエネルギーを信じることをやめた家族に分かれたのだと思うのです。魔法を大事に伝え残してきたのが魔女の家系とされ、そうでない家系の人々は、普通の人間とされたのでしょう。

この歴史の流れからも、魔女という存在が、人々の生活なかで求められてきたのだということがわかります。心身の健康、悩み事の解決、重要な意思決定を行うときにアドバイスをする人として、魔女がいたのです。

あるときはハーブを使って病気を治したり、クリスタルを使って生命力を取り戻したり、あるときは星を読みとって人生を導いたりしてきました。

魔女はマルチタスクを担《にな》う人として、人々が頼ってきたのです。いまでいう医師、心理カウンセラー、占い師、自然治療家の役割を一人でこなせる人が、魔女として扱われていました。それと同時に、人間の知恵では説明がつけられないような神がかり的な出来事が起きたときにも、魔女が介在していました。

絶体絶命だと思われるような出来事にも、火事場の馬鹿力を発揮して、人や貴重なものを守ったりした人も、魔女だと呼ばれたのです。

魔女は太古の時代から自然界の力や宇宙の法則を、そのまま取り入れることを口伝《くちづて》で教わって、社会に貢献していたのです。

国によっては、魔女と呼ばれずに、他の名前で呼ばれていることもありました。「シャーマン（祈祷師《きとうし》）」「呪術師《じゅじゅつし》」「巫女《みこ》」「メディスン・ウーマン（薬草を使う女性）」も、「魔女の役割」を果たしているといっていいでしょう。

あなたが前世で魔女だった確率は何％？

誰もが魔女になれるのですが、この本を手にしたあなたは、きっと前世でも魔女だった確率が高いかもしれません。

前世で魔女であった方々には、傾向があります。

たとえば、自然に触れると自分の直感がますます冴《さ》えてきて、自分の思ったことが叶いやすい。気づいたら、エッセンシャルオイル（精油）、クリスタル、動物などの自然界からの贈り物を自分のまわりに置いているということもあります。そして、夜空の星を見上げると、宇宙の偉大な恩恵を感じられ、自分も活かされていると感じたりもします。日々のなかで、気がついたら、自分の願いが叶っていて、自然にまわりの願いを叶えていることに貢献をしています。

どこかで純粋な心を感じていて、善意をもって、自分ともまわりともかかわっていくことが当たり前になっている人も、前世で魔女であった可能性が高いです。

また、中世に魔女狩りにあったりした前世がある方は、かなり正義感にあふれていて、自己犠牲を払っても、その正義を守りぬく信念をもっていたりもします。

同時に、この時代に魔女狩りのトラウマをもって生まれてきた人は、人前に出ること、目立つことを嫌う人もいます。いまでも火を見ると、そのトラウマが蘇《よみがえ》ってきたりもします。

これから、あなたが前世で魔女であった確率を探ってみましょう。

次頁の項目で当てはまる□にチェックをつけて、前世が魔女であった確率を見てみましょう。

□あなたの魔女度Check

01□目立ったり、人前に出るのが怖い。
02□人が好きだけれど、裏切られると思う。
03□自分のサイキックな才能を開きたくない。
04□火が怖い。
05□植物を見て、話せるような気がする。
06□植物は癒やしの力があると信じている。
07□アロマオイルを毎日使っている。
08□ハーブティーを好んで飲んでいる。
09□薬草と聞くとなぜかワクワクしてくる。
10□自然のなかにいるほうが自由になれる。
11□クリスタルを集めている。
12□クリスタルに触れると元気になる。
13□クリスタルと会話ができる。
14□魔女と聞いたら、ワクワクする。

15 □目に見えない世界があると信じられる。
16 □直感が冴えている。
17 □個性的とまわりから言われる。
18 □人に役に立つことにワクワクする。
19 □好奇心旺盛である。
20 □人に変人扱いされることがある。
21 □星や宇宙の知識を集めたり、知恵を絞ることが好き。
22 □どちらかというと白黒をはっきりさせるほう。
23 □ミステリアスなことが好き。
24 □自分には不思議な力があると思っている。
25 □人間より動物や植物といるのが好き。

	✓の数	「✓の数」×4＝魔女度（％）
例	16	（16×4＝）魔女度64％
あなた	（　）	（　×4＝）魔女度　％

前世が魔女であった確率が高ければ、きっと今世でも魔女としての才能を開いて、本当に自分の可能性を自由に発揮することを選んでみましょう。

前世が魔女の確率が低い方は、もしかしたら、この人生で魔女としての才能を開くために、この本に出会っているのかもしれません。

どちらであったとしても、大切なことは魔女としての才能を開いて、実践していくことを決めることです。そう決めたら、この本を通して、魔女としての生き方と実践方法がわかります。

魔女としての実践は、毎日の生活ととても密着しています。

この本に書いてあることを実践していくことで、誰もが魔女としての人生を送って、自由に本来の自分のままで生きやすくなっていくでしょう。

それでは、実践編へと進んでいきましょう。

Lesson

2

魔女のアイテムで愛と豊かさを引き寄せる

信じる気持ちを循環させていく

古代から魔女は、いろんなアイテムをもって暮らしていました。『魔女の宅急便』のキキのイメージを思い浮かべてみてください。キキのアイテムは、ほうきです。その他には、魔法の杖《つえ》であったり、鏡であったり、水晶球であったりとさまざまありますが、この本では、魔女が使うアイテムを目的別にお知らせしていきます。

魔女には大切な信条があります。その信条はプロローグでお伝えしています。魔法を信じるという信条をもつには、自分を信じることができることから始めていきます。自分のことを信じるために必要な魔法の呪文《じゅもん》があります。

「神聖なる私の名において…〇〇」という呪文です。

自分のことを信じる呪文は、こんなふうに自分に向けて伝えます。

「神聖なる私の名において、私は１００％私を信じて、〇〇をしています」

「〇〇」というところに、あなたが決めたことを言葉にして自分に伝えます。

この言葉を唱えるときに必要なアイテムは鏡です。

鏡の形は楕円《だえん》や円の鏡を使いましょう。

楕円や円は角がなく、信じる心を循環しつづけるのです。

鏡にあなたの顔を移して、鏡のなかのあなたと目を合わせて、宣言します。

たとえば、あなた自身が自分を信じて、自分の気持ちを誰かに告白するときには、こんなふうに宣言します。

「神聖なる私の名において、私は１００％私を信じて、○○さんに私の気持ちを正直に伝えます」というふうに、鏡を見ながら宣言します。


何かを決めて、行動に移すときには、魔女は真実の剣を使います。

これは、自分が決めたことをやり通す、自分への神聖な誓いをするためのものなのです。

剣は特に購入する必要はありませんが、イメージで必要であれば、ペーパーナイフなど、剣の形をしているものを用意しておくといいでしょう。

こんなイメージで自分に誓いを立てていきます。


真実の剣を胸にあて、誓いを立てます。

「神聖なる私の名において、私は○○を誓います！」
○○というところに、あなたが決めたことを言葉にして、自分に伝えます。
「神聖なる私の名において、私は私の才能を活かす新しい職場を見つけることを誓います！」……というように。

真実の剣は、誓いを立てたあとにも使います。

それは、あなたが誓いを立てたにもかかわらず、自分の気持ちが揺らいだり、疑ったりするときに真実の剣を胸にあてるイメージをして、誓いを思い出して、疑いを拭《ぬぐ》っていきます。

軽く目を閉じて、自分自身の胸に真実の剣をかざすイメージをして、息を吐くときに、一緒に疑いの気持ちを吐きながら、取り除いていきます。気持ちがすっきりするまで、いっていきます。

日々の生活のなかで、人間関係のなかで、気づいたら誰かの気持ちに沿うあまり、自分の気持ちを後まわしにしたりしていませんか？

まわりの意見に振りまわされてしまって、本当のところ自分はどうしたいかを見失うこともありがちです。

こんなときには、魔女は自分の聖杯を出して、全身を浄化していきます。

聖杯のなかには、ピュアな聖水が無尽蔵《むじんぞう》にあるという魔法を信じています。

聖杯をイメージして、あなたのからだや、からだのまわりにあるオーラにも聖水を注《そそ》ぎながら、魔法の呪文を唱《とな》えます。

自分の純粋な気持ちを大切にしたいときは、聖杯をイメージして、聖水をオーラとからだに注ぎながら、

「神聖なる私の名において、私は私の純粋な気持ちだけを保ちます」

と3回宣言します。

自分の純粋な意見を大切にしたいときは、聖杯をイメージして、聖水をオーラとからだに注ぎながら、

「神聖なる私の名において、私は私の純粋な意見だけを保ちます」

と3回宣言します。

もし、誰かに否定・批判され、怒りをぶつけられたと感じたり、自己嫌悪《けんお》や自己否定をしてしまったら、聖杯をイメージして、聖水をオーラとからだに注ぎながら、

「神聖なる私の名において、私は私の神聖さだけを保ちます」

と3回宣言します。


このように実践することで、日常がさらにクリアになり、軽やかな自分でいられるようになります。自分という本質が自分軸となるように、魔女はこんなふうにして魔法を自分にかけているのです。

魔法の基盤は愛にあります

愛は永遠の課題ともいえるぐらい複雑に思えることもあります。

誰もが愛に満ちた人生を送りたいと思っていても、愛に枯渇《こかつ》する現実を体験したりしています。

愛は、お金や豊かな人間関係や健康をも手にする大切な原動力となります。

愛と豊かさの魔法は数々ありますが、愛と豊かさを引き寄せるアイテムを手にして、自分を愛に満たして、愛を引き寄せ、すべての豊かさを実現していきましょう。

魔女にとって、愛が魔法の基盤となっています。

そのためには、魔女は自分を愛で満たすことは怠《おこた》りません。

自分に愛を満たし、人生のすべての豊かさを実現する魔法のアイテムは、チャームです。

いままでは、チャームはアクセサリーなどに使われていることが多いのですが、本来は魔法のアイテムの一つでした。

チャームに純粋な想いをこめることで、愛と豊かさを叶える魔法のチャームとして使えるようになります。

まずは、何よりも自分を愛で満たしていくことから始めていきます。

自分を愛で満たしていくために使われているチャームは、よく見るハートの形をしたアイテムです。シルバーのハートやゴールドのハート、ピンクのクリスタルのローズクォーツでできたハートなどが代表的なチャームとなります。ハートの形のチャームを見つけたら、純粋な想いをこめていきます。

ハート形をしたチャームに純粋な想いをこめる方法は次のとおりです。

①――チャームを清めます。聖杯をイメージして、聖水をチャームに向かって注いでいるイメージをします。

②――純粋な想いをチャームにこめるために言葉を使います。
「神聖なる私の名において、私の純粋さに誓い、私を愛で満たします。そうなりました」

③――この言葉を3回唱えたら、チャームにあなたを満たす愛が宇宙から注がれているイメージをしてみましょう。ピンク色やピンク紫の光がチャームに注がれているイメージをするのもよいでしょう。この方法は、チャームをチャージするという言葉で表されます。

④――チャージされたチャームを右手にもって、胸の中心において、チャームから発する愛を象徴するピンク色やピンク紫の光でからだを満たします。胸の中心が暖かくなって、あなたの内側にある愛が、さらに自分を満たしていくのを充分に感じてみましょう。

⑤――チャージされたチャームは、身につけたり、シルクや麻などの天然素材の布の袋などに入れて、持ち歩きます。

⑥――ときどき、そのチャームを眺《なが》めて、ピンク色やピンク紫の光であなたのオーラやからだ中を満たしていくイメージをして、愛で満ちている自分を思い出しましょう。

人生に愛を引き寄せたいと思っているならば、まずは、この方法で自分が愛で満たされている日々を送っていくことが鍵となります。

愛で満たされている自分自身に毎日出会うために、チャームだけではなく、自分の信念のなかに「神聖なる私の名において、私は日々愛に満ちた行動を選択しています」と鏡の前で3回宣言して、毎日をスタートさせます。

この魔法は、愛の周波数にできる限り自分の一瞬一瞬を近づけ、日常を過ごすために行います。

愛の周波数でいられるようになってくると、愛を引き寄せやすい自分に生まれ変わっていきます。シルバーやゴールドなどでつくられた六芒星《ろくぼうせい》（✡）のチャームは、男女のパートナーシップを促《うなが》してくれるチャームです。クリスタルで紫とゴールドの色のアメトリンというクリスタルもパートナーシップのバランスを保つアイテムとして使えます。

チャームには、先ほどと同じようにパートナーシップに対しての純粋な想いをチャージしていきます。愛で満ちた自分がパートナーシップに対して、どんな気持ちでいるかをチャームにチャージしていきます。

大切なポイントは、誰かを傷つけるようなことは一切しないことが原則です。
たとえば、好きになった人にすでに恋人がいたり、結婚している場合は、この魔法は使えません。愛に満ちた自分が純粋な心で愛を引き寄せるためにのみ、活用することができるのです。

①チャームを清めます。聖杯をイメージして、聖水をチャームに向かって注いでいるイメージをします。

②純粋な想いをチャームにこめるために言葉を使います。
「神聖なる私の名において、私の純粋さに誓い、私は愛するパートナーを私の人生に招きます。そうなりました」

③この言葉を3回唱えたら、チャームにあなたがいちばん望んでいるパートナーシップの周波数が宇宙から注がれているイメージをします。ピンクゴールドの光が降り注いで、チャームに注がれているのをイメージするのもよいでしょう。

④チャージされたチャームを右手にもって、胸の中心において、チャームから発するパートナーシップを実現するピンクゴールドの光でからだを満たします。目を閉じて、あなたとパートナーが一緒に楽しく過ごしている風景を思い浮かべてみましょう。パートナーと一緒に出かけたい場所をイメージすることもしてみましょう。パート

ナーと一緒に過ごしているときの気持ちを充分感じてあげましょう。

⑤――チャージされたチャームは、身につけたり、シルクや麻などの天然素材の布の袋などに入れて、持ち歩きます。

⑥――ときどきそのチャームを眺めて、ピンクゴールドの光で、あなたのオーラやからだ中を満たしていくイメージをして、パートナーがあなたの側にいるイメージを楽しみましょう。できる限り、新しい出会いを与えてくれる新しい場所にも出かけてみましょう。

パートナーシップを引き寄せるチャームは、勇気をもって自分の出会いたい人を見つけるために使います。チャームをつくったから終わりではなく、チャームの効果を見るためにも、出会いたい相手が行くような場所に出かけ、気になる相手がいるならば、その人に一歩近づく行動を起こすことで、パートナーシップへの変化が始まります。

豊かさを引き寄せる魔法のアイテムは、コインそのものや、お金を入れる袋のチャームです。五円玉や外国のコインを使って、チャージします。

アイテムをチャージする前に、お金を手にしてどうしたいかをはっきりと決めておくことが鍵となります。

お金は愛と同じで、循環できるものなので、どんなふうにお金を人生で循環させたいかを決めておきましょう。

たとえば、旅行をするためにお金を引き寄せたいならば、どこに旅行に行きたいか？　そして、その国でどんなふうにお金を支払っているかなどをイメージしましょう。あなたが手にしたお金は航空券やホテル代になっているだけではなく、その国の誰かの手にも渡っていきますすね。お金が循環しながら、また、あなたのもとにも戻ってくるところまで意識をしておきましょう。

①――どのコインをチャームにするかを**決**めます。

②――チャームを**清**めます。**聖杯**をイメージして、**聖水**をチャームに**向**かって**注**いでいるイメージをします。コインはたくさんの**人**の**手**に**触**れてあなたのもとに**来**ていますので、**念入**りに、**清**めてあげましょう。

③――純粋な想いをチャームにこめるために言葉を使います。

「神聖なる私の名において、私の純粋さに誓い、私はお金という豊かさを手にして、循環します。そうなりました」

④――この言葉を3回唱えたら、いくらぐらいの金額を引き寄せて、循環させたいかをイメージします。そして、どんなふうにお金があなたのもとに来て、どんなふうにお金を使っているかもイメージしてみましょう。宇宙からもっとも豊かな周波数のゴールドの光がチャームに向かって注がれているのをイメージしましょう。

⑤――チャージされたチャームを右手にもって、胸の中心において、チャームからゴールドの光があなたの胸に注がれていくイメージをします。目を閉じて、あなたのがイメージしたお金を手に入れ、そのお金を具体的にあなたが望んだ形で使っているイメージをしましょう。

⑥――チャージされたチャームは、身につけたり、シルクや麻などの天然素材の布の袋などに入れて、持ち歩きます。

⑦――ときどき、そのチャームを眺めて、豊かなゴールドの光であなたのオーラやからだ中

を満たしていくイメージをして、喜びのなかでお金を受けとり、使っているイメージを楽しみましょう。具体的にお金があなたのもとにやってくる兆《きざ》しもキャッチしてみましょう。

自分もまわりも幸せにする魔法

気がついたら、まわりの人が楽しんでいたり、喜んでいるシーンを見たことはありませんか？　魔女は自然にまわりを幸せにする術《すべ》を知っています。

毎日の生活のなかで、自分やまわりが元気になるために、もっていたり、身につけているたくさんのアイテムがあります。

魔女は自分らしくいながら、まわりとかかわって、人生を楽しむことを決めています。

魔女が貢献できる大切なことは、まわりにいる人たちが自然に幸せになっていくことなのです。そのために魔法を使います。

アロマやキラキラ輝くクリスタルを身につけて、まわりの雰囲気を明るく照らします。

また、悩んでいる人がそばにいるときは、悩みを解決する道具も持ち歩いているのです。


魔女が元気でいる理由の一つは、アロマオイルを身につけているからです。

魔女は、自分もまわりも元気にする柑橘《かんきつ》系のアロマを身にまとったり、お水に入れて飲んでいます。柑橘系の香りを身にまとうだけで、太陽の光を浴びたオレンジを思い浮かべて、元気いっぱいになったり、情熱が湧いてきたりするのです。

まわりに自信のない人がいたら、元気づける言葉もかけて、自信をもてるように働きかけてあげるのです。

魔法の言葉の一つは、「大丈夫、あなたなら絶対できる!」。こう伝えながら、オレンジの香りで、その人を元気にしていきます。

また、あまりにもまわりが落ち着かない状況のときには、鎮静《ちんせい》作用があるフランキンセンスを身につけて、その香りを使って、まわりの気分が安定して落ち着くために、自然に働きかけていきます。

焦《あせ》っている人を見たときも、この香りは、焦りを落ち着かせてくれます。

焦っているときは、特に頭のなかも整理がつかないことが多いので、クラリーセージの香りを嗅《か》いでみると、頭がすっきりとするでしょう。

ここで使いたい魔法の言葉は、

「大丈夫、ちょっと落ち着いて、話を聴いて、整理していきましょう」

スワロフスキークリスタルやクリスタルはキラキラ輝いていて、身につけているだけで、まわりの目にとまります。そのキラキラに気づいた人の気分も明るくしていきます。

このキラキラは誰が見ても気分がよくなります。誰もが感じているキラキラの魔法は、魂の輝きを思い出させてくれるので、まわりの人の気分が上がっていきます。

そして、何よりも、どこかで魂の光を思い出すきっかけをつくっているのです。

毎日のなかでキラキラ光るクリスタルを身につけ、自分自身の魂の輝きを表現しながら、まわりの人の魂も輝かせることに貢献するのは、魔女の醍醐味《だいごみ》です。

魂を輝かせる魔法は、まわりにいる人に小さなことでも、

「ありがとうございます」

「幸せです!」

「嬉しいです!」

「素敵ですね!」

と言葉をかけることです。


この魔法が効力があるかどうかは、相手の表情を見たらよくわかります。

相手の目にも輝きがあふれていると、この魔法がきいていることがよくわかります。

キラキラなクリスタルを身につけて、相手がキラキラになる言葉の魔法を使ってみましょう。

Lesson

3

魔女の
食事とティータイム

魔女は、からだの健康を保つために大切にしていることがたくさんあります。

魔女は年をカウントすることもないので、年齢不詳です。

魔女にとっての食べ物は、美と健康と長寿が目的です。

また、心とからだのデトックスをするために、ファスティングも定期的に行っています。

魔女になって日常を幸せに暮らすためには、ほんのちょっと知恵をつけて、毎日の食べ物に気をつけるようにしてあげて、心もからだも、どんどんと元気になって、パワフルな日々を送っていきましょう。

魔女が食べてはいけないもの

昔から魔女が嫌う食べ物は、ニンニクだとよくいわれています。

ニンニクを食べすぎると、殺菌作用が効きすぎて、お腹のなかに必要な善玉菌が殺されてしまいます。その結果、腹痛を起こしたり、腸内でつくられるビタミンもなくなって、肌が荒れてしまいますので、魔女の大切な美しい肌に影響を与えてしまいます。ニンニクは、ごくわずか（1日2〜3片が目安）食べるだけにしておきましょう。

何よりも魔女が避けたい現代の食事は、ザ・コンビニ弁当です。

コンビニ弁当を毎日食べているとどうなるか？　などネットでも紹介されていますが、問題なのは、添加物の入っている食事です。

添加物の入っている食事をとると、からだの栄養もさることながら、精神的にも作用するといわれています。

添加物がからだに取りこまれると、からだの免疫《めんえき》が低下して、アレルギー反応を起こしやすくなるといわれます。

免疫力をつけるには、腸内細菌が活発になっていなければならないのですが、食品添加物は、その腸内細菌の働きを低下させてしまうそうです。その結果、免疫力がダウンして、健康なからだを保つことができなくなってしまいがちです。健康が保てなければ、美貌も、心身のバランスとともに崩れてしまいます。

免疫力を司《つかさど》る場所は胸腺《きょうせん》にあります。胸腺は、胸の中心よりやや上にあります。胸の中心には、愛の周波数を放つエネルギーセンターがありますので、胸腺に支障が出ると、魔女の大切にしている愛の周波数を保つことも難しくなるのです。

遺伝子組み換えがされた食品も、自然界の摂理から離れてしまうので、魔女には避けなければならないものです。

このような食べ物を口にすることで、自然界とのつながりやバランスを崩してしまいます。

魔女は、自然界といつも仲良くして、自然界のパワーに支えられているのです。だからこそ、自然界から採れないものは口にしないことで、自然界への忠誠心を誓います。

添加物や遺伝子組み換えされた食品を口にしないと決めても、現代の生活では難しいかもしれません。魔女は食べてはいけないものを食べたときには、必ずデトックスをして健康を取り戻します。

デトックスをするときは、満月の日を選んで、その日はレモン水だけで一日をすごします。レモン水は、お水にレモンを絞っただけのものですが、そうすることで、一日かけて体内の洗浄をはかるのです。

魔力がつく食べ物とは?

魔力をアップするには、心もからだも健康でなくてはなりません。魔法は自然界のパワーをもらって行うものですから、純粋に自然界で育てられた食物を食べることが何よりも大切な鍵になります。

オーガニックの野菜やフルーツを食べて、血液をサラサラにして、免疫力や体力もアップをしてあげることです。ハーブのエキスやハーブティーをとりながら、心も頭も明晰《めいせき》さを保てるようにします。

野菜やフルーツやハーブには、それぞれ要素や働きがあります。いつどんなときに、どんな魔法を使うかで、必要な食べ物も変わってきます。

太陽や大地からのエネルギーを受けとるには、旬の野菜やフルーツを食べることが一番です。春夏秋冬、それぞれの季節で自然に育つ野菜やくだものを食べるようにしましょう。

春夏秋冬の野菜やくだものには、こんなものがあります。

春……いちご、グレープフルーツ、はっさく、マンゴーなど。**筍**《たけのこ》、グリーンピース、トマト、きぬさやえんどう、アスパラガス、セロリ、**新**キャベツ、**新**じゃが、**新**ごぼう、**新玉**ねぎ、ふき、ベビーコーン、わらび、らっきょうなど

夏……**夏**みかん、パイナップル、びわ、あんず、スイカ、さくらんぼ、メロン、マンゴーなど。スイートコーン、なす、パプリカ、オクラ、**空心菜**《くうしんさい》、**唐辛子**《とうがらし》、さやいんげん、みょうが、えだまめ、トマトなど

秋……ぶどう、なし、いちじく、**栗**、**柚子**《ゆず》、りんご、**柿**、**花梨**《かりん》、シークワーサーなど。**松**《まつ》

茸《たけ》、生姜《しょうが》、ズッキーニ、里芋、かぼちゃ、春菊、銀杏《ぎんなん》、レタス、にんじん、マコモダケ、ほうれん草、ユリ根、長芋など

冬……いよかん、キウイ、みかんなど。春菊、ネギ、白菜、ほうれん草、だいこん、芽キャベツ、小松菜、ごぼう、ブロッコリー、にんじん、れんこん、カリフラワー、野沢菜、かぶ、アボカド、さつまいも、水菜、わさび、ふきのとう、タラの芽など

魔女は自然界のサイクルを大切にすることを自然の法則で学んでいるので、季節感を大切に味わいながら、食を楽しんでいます。とくに生で食べられるものは、火を通さず、自然の恵みに感謝して、季節を祝って、それをいただきます。


ルビー色のざくろは、魔女にとって大切な食べ物の一つです。

ざくろには、女性らしさや豊かさが表されています。古代から縁起《えんぎ》のいいものとして、お供《そな》え物にも使われていました。

ざくろには女性の魅力アップに貢献されるといわれています。

ざくろの成分には、カリウムやポリフェノールが入っていて、抗酸化作用があります。ざくろの種には、エストロゲンが含まれて、エストロゲンを補充して、女性ホルモンのバランスをとるサポートをしてくれます。トルコでは、ジューサーで、ざくろジュースを作って種ごと飲んでいます。ざくろは東洋医学では「潤い」を与えるといわれ、血流をよくする効果があります。内臓脂肪をためないサポートをするので、ダイエットにも効果があるといわれています。

魔女は夏になると、スイカジュースをつくって、「スイカデトックス」をします。スイカにはリコピンやアントシアニンが含まれていて、抗酸化作用があります。からだのむくみをとり、からだをすっきりさせます。むくみを改善してくれるカリウムも含まれていて、おまけに、シトルリンは天然保湿因子を構成するアミノ酸の一種なので、美肌効果があるといわれています。夏は生命力を感じさせてくれる季節ですが、スイカの赤い色は、夏の生命力をますますアップさせてくれます。

いちじくは、若返りや不老不死のフルーツとして知られています。実際に、ザクロエラグ酸やアントシアニンが含まれており、抗酸化作用があります。メラニン色素をおさえる働きもあり、美白効果もあるそうです。植物エストロゲンも成分に含まれているので、女性ホルモンのバランスをとってくれるのにも役立ちます。

いちじくは昔から、精神的な豊かさと子孫繁栄をもたらすと伝えられています。いちじくのなかのつぶつぶの部分は種に間違えられますが、じつは花で、それを見ているだけで豊かさを感じさせてくれます。

魔女といえば、りんごはやはり外《はず》せません。『白雪姫』に出てくる魔女の毒りんごは有名ですが、魔女にとっては、りんごがとてつもなく魅力があります。

りんごには100種類以上のポリフェノールが含まれているという研究発表がありますが、それらの「りんごポリフェノール」にはパワフルな抗酸化作用があり、りんごが不老にきく媚薬《びやく》といわれる所以《ゆえん》です。

また、りんごはバラ科の植物です。バラは愛の象徴ですから、りんごにも、自分への愛や他者への愛を高めてくれる意味が含まれます。

シーン別、タイプ別のお茶の選び方

魔女はＴＰＯに合わせてハーブを活用しています。

現代社会で魔女らしくイキイキと魔法を発揮するためには、身近にハーブを保管して、いつでも必要だと思うときに活用します。

ハーブはエキスのものを活用することもありますが、日本ではハーブエキスの普及は欧米ほど進んでいないので、ハーブティーを身近に置くことで、同じ効果を受けとれるでしょう。

ここでは、ハーブティーのいれ方の魔法を伝えて、どんなときにどんなハーブを飲むと役に立つかをお伝えします。ハーブティーは、フレッシュハーブをつくっていれることもできますが、ここではドライハーブティーを紹介していきます。

魔女は常に自然界とつながってパワーをもらっているので、自然界への感謝を忘れることはありません。

ハーブティーをいれるときには、必ずそのハーブの精霊を呼びます。

ハーブティーを飲むときには、こんなふうに、そのハーブティーの精霊を呼んで感謝をします。

「〇〇（ハーブティーの名前を入れる）の光の精霊を私のもとに招きます。神聖なる私の名において、私は今、あなたの手助けを必要としています。いまの私に必要な〇〇（ハーブティーがもつ効能を伝える）のパワーを、私に与えてください。私はこの愛の惑星地球に私らしく貢献します。ありがとうございます」

ハーブティーをいれるお湯をわかしますが、お湯をわかすときも、魔女は水への感謝を忘れません。水の精霊を呼んで、これからいただくハーブティーのために、神聖な水をいただくことへの感謝をします。

「水の光の精霊よ、私はあなたの水のパワーとともに、ハーブティーを私のからだに取りこんで、自然界のパワーを受けとって、この愛の惑星地球に貢献します」

魔法のハーブティータイムの楽しみ方

☆――用意するもの

ドライハーブ　ティースプーン3杯

茶こし付きのティーポット（容量500ml程度）

水　1リットル（ティーカップとティーポットを温める分も含む）

◎ハーブのカラーを楽しむために、透明のティーカップがオススメです。

◎マイティーカップ。魔女らしいと思うティーカップを用意しましょう。

▼STEP

（1）選んだハーブの精霊を呼んで感謝の言葉を伝える

（2）水の精霊を呼んで感謝の言葉を伝える

（3）お湯をわかす

（4）ティーポットとティーカップにお湯を入れ2～3分温めて、ティーポットのお湯を捨てる

（5）ティーポットにハーブを入れる

◎入れるときにも、ハーブの精霊に感謝を伝える。

「○○のハーブの精霊よ、私に協力してくれて、ありがとうございます」

（6）ティーポットにお湯を注ぐ。お湯は95度が目安

◎お湯を注ぎながら、水の精霊に感謝を伝える。

「水の精霊よ、私に協力してくれて、ありがとうございます」

（7）3分間蒸らす

◎蒸らしているあいだに、そのハーブの効能を自分自身に取りこんで、願いが叶っ

ているイメージをしながら、ハーブの香りを充分楽しみます。

（8）ティーカップのお湯を捨てて、ハーブティーをティーカップに注ぐ
◎注ぐときは、愛をもって、ハーブティーを注ぎます。

（9）ハーブティーの香りを楽しみながら飲みましょう

ここからは、どんな状況のときに、どんなハーブティーを飲むと、魔法が使えるかを伝えていきましょう。数限りない種類のなかから、もっとも日常で役に立つハーブティーを紹介していきます。

ROSEMARY（ローズマリー）＝集中力アップの魔法

◉日常のなかで、頭も心もモヤモヤして、すっきりしないときに、ローズマリーを飲んであげましょう。このハーブは集中力や記憶力をアップしてくれます。なにかスッキリしないというときには、一つのことに集中できないことがありますが、このハーブティーを飲みながら、頭を整理していきましょう。そうして、どうしたら

よいかを決めていくようにします。ローズマリーは物事を解決することに集中するときも助けてくれます。ストレスや落ちこんだときにも、ローズマリーは心を明るくしてくれるでしょう。ローズマリーは、若返りのハーブとしても知られます。新陳代謝をアップする作用もあるので、ダイエットなどにも役に立ってくれます。

LAVENDER（ラベンダー）＝癒《い》やしの魔法

◉ハーブの女王とも名づけられたラベンダーは、心をやさしく鎮《しず》めてくれます。心もからだもストレスフリーになって、癒やしてあげたいときには、ラベンダーティーがいちばん役に立つでしょう。ラベンダーで緊張をゆるめて、心を落ち着かせてあげましょう。スケジュールがびっしり詰まっている一日のどこかで、一息ついてリラックスするようにしましょう。自然界のパワーを思い出して、優しい気持ちで自分をケアしてあげるのです。切羽詰《せっぱつ》まっている気持ちから、いったん自由になるには、ラベンダーティーを味わいながらペースダウンをすることで、心の余裕が出てくるでしょう。

ROSEHIP（ローズヒップ）＝美肌の魔法

◉肌の調子がよくないと感じたときには、ローズヒップティーで、肌の調子を整えてあげましょう。デートの前や大切な食事会などの前日には、とくにオススメです。ローズヒップにはビタミンCが多く肌のコラーゲンの生成を補助する役割があります。甘酸っぱい味を楽しみながら、肌がきれいになった自分を思い浮かべ、香りも一緒に楽しみましょう。またローズヒップティーは便秘解消にも役立ちます。

PEPPERMINT（ペパーミント）＝気力アップの魔法

◉イライラや無力感、食べすぎを解消してくれるペパーミントティーは、万能薬型のハーブティーです。食べすぎたり飲みすぎたりしたと思ったら、ペパーミントティーを飲むと、お腹がすっきりして、消化の手助けをしてくれます。日常生活のなかで、ちょっと、やる気をなくしてしまい、無気力になったときも、ペパーミントティーはすっきりと気分転換をすることを手助けしてくれます。すっきりした香りを味わいながら、気持ちを切り替えられるでしょう。

CAMOMILE(カモミール)＝眠りの魔法

◉何かに不安になって夜の眠れないときには、必ずカモミールティーを飲んであげましょう。優しい香りであなたの気持ちを落ち着かせてくれるでしょう。不安や心配から心を解放してくれます。カモミールにはアピゲニンが含まれていて、胃の粘《ねん》膜《まく》を整えたり、鎮静作用があります。腹部の筋肉の緊張もやわらげて、胃腸の調整もしてくれます。

HIBISCUS(ハイビスカス)＝元気アップの魔法

◉疲労回復や夏バテ気味になったら、ハイビスカスティーを飲んで、解消してあげましょう。ハイビスカスには、クエン酸やリンゴ酸が豊富に含まれているので、疲れたからだを回復して、癒やしてくれる効果があります。またビタミンＣも含まれているので、美肌効果も期待できます。カリウムも含まれているので利尿作用もあります。むくみをとるのに効果的です。甘酸っぱい味を楽しみながら、真赤なハイビスカスティーの色を見るだけでも元気になっていくでしょう。

GINSENG(ジンセン)=活力アップの魔法

◉滋養強壮の王様といわれているジンセン（高麗人蔘《こうらいにんじん》）のハーブティーは、バイタリティーが欲しいときや、やる気アップをしたいときに役に立つでしょう。細胞や臓器も元気にする作用があるので、からだの健康を維持することに気持ちが向いたときには、ジンセンティーを楽しみましょう。少しクセがあるので、最初は飲みにくいと感じるかもしれませんが、健康なからだがあるからこそ、健全な精神を保っていられます。地に足をつけて、物事を決めたいときにはジンセンティーを飲んで、最高の決断をくだしていきましょう。

ELDER FLOWER(エルダーフラワー)=免疫力アップの魔法

◉体調が崩れがちで、ちょっと風邪気味だと感じたら、エルダーフラワーティーを飲んであげましょう。エルダーフラワーは、魔除《まよ》けの力があるという伝説がヨーロッパ各地で残っているぐらい、パワフルなハーブです。インフルエンザの予防にもエルダーフラワーティーを使います。冬のインフルエンザが流行っているときは、エルダーフラワーティーを飲んで予防しておきましょう。発汗を促す作用もあるので、デトックスにも利用できます。

MALOWBLUE（マローブルー）＝表現力の魔法

◉魔法を代表するような不思議なハーブティーです。3色の色に変化していくハーブティーなので、魔女にはとっておきのもの。ブルーからパープル、そして、レモンを加えたらピンクに変化するマローブルーティーは、ビジョンを描いて、想いを表現して、愛をもって行動していくときに最適です。気管支炎や喉の不具合にもきくハーブティーなので、何か自分が素直に表現できないときや、誰かに大切なことを伝えたいときに飲んであげましょう。

魔女のティータイムを、この9つの魔法のハーブティーで満喫《まんきつ》しましょう。

ハーブティーの色や香りや味を通して、魔法の時間を日々の生活のなかに取りこんでみましょう。

魔女は、何よりも、魔法を信じて、実践する時間を大切にできるから、自分らしい人生をクリエイトしていけるのです。

魔女のティータイムは、自分らしいスペースと時間をつくるためにあるのです。

Lesson

4

魔女の見えないものを見る透視術

魔女にとっては、どのような状況にいたとしても、その状況の背景にある本質に目を向けることが大切だと感じています。

世間の常識という一般的には都合のよさそうなことに対しても、本当のところどうなのか？　ということを意識して、常識のなかの真実を理解して活かすこともあれば、その常識とは別の選択肢を選ぶこともあるのです。

ここでは、見えないものを見る透視術について学んでいただきたいと思います。もし、あなたが透視術を使えたら、どんなことに使ってみたいと思いますか？

才能がないと透視できない？

透視を行うにあたって、魔女には大切な掟があります。

それは、誰かを透視するときには必ず、その人の許可を得ることです。

そして、透視する内容に関しても、ギャンブルの結果や誰かの寿命の予告などを魔女が透視することはありません。透視する内容は、あくまでも、透視する相手や場所の幸せに貢献することでなければなりません。

魔女は才能があるから透視できるのではなく、才能を磨くから透視ができるようになるのです。

誰もが生まれながらにもっている才能の一つは、見えないものを見る力です。

胎児はお母さんのお腹のなかで、お母さんやお父さんの声だけでなく、感情も感じられるのです。

幼児の時期にも、目には見えてなくても、見えないものが見えていることが多く、見えない世界とのつながりが頻繁に起こっています。

そして、成長していく過程で、やっていいことや悪いことなどの概念を学ぶなかで、見えない世界とのつながりが薄れていき、知らずしらずに、見えないものを見る力が薄れていきます。3歳ぐらいになると、そのような記憶もなくなり、目の前に起きている、見える世界だけが現実だと思うようになってしまうのです。

まずは、人はもともと見えないものを見る力が備わっていた、という事実を知っておきましょう。

神聖な運命を開く3つのゲート

魔女は、見えないものを見る力はもともと誰にも備わっていることに同意しています。だからこそ、その力を磨いて、自分や人に貢献することを決めたら、再び透視能力を開花させることができるのです。

ここで、魔女として生きるなら、透視能力を復活させることを決めておきましょう。

ようやく、ここで、透視の第一歩が始まります。

魔女は透視術をマスターする前に、人間として生きてきて、学んできたことをいつでも、中庸《ちゅうよう》な状態になって、見ることをマスターします。

これを神聖な運命への3つのゲートと呼びます。

神聖な運命を歩む魔女には、透視を純粋に使えるようになる実践が何よりも大切なことだと思っています。

この3つのゲートをマスターしないで、透視術を学んでしまうと、リスクが生じることもあります。

そのリスクは、エゴの介在による透視であったり、透視術を使う目的を間違えて、誰かをコントロールしたり、誰かを戒《いまし》めたりするために使ってしまうような罠《わな》にはまって、自分もまわりも傷つけてしまう結果になることです。

この本では、そのようなリスクを負うことなく、純粋な心で透視術を磨くために、3つのゲートを紹介して、マスターすることをすすめています。


1つめのゲートは、セルフイメージをマスターすることです。

生まれてきてから現在に至るまで、人はまわりの人々や環境から数えきれない程の影響を受けながら、自分という存在が何者であるかについて自覚していきます。

自分が何者であるか？ についてのセルフイメージは、自分の体験したこと、他人から言われたこと、文化のなかで学んだこと、社会環境から学んだことなどで出来上がります。

魔女は、第一にセルフイメージを鏡に写して、純粋に自分が培《つちか》ってきた、ありのままのセルフイメージを明らかにしていきます。セルフイメージのなかには、本当の自分とまわりからの期待や断定されたものが含まれています。


魔女は真摯《しんし》に自分と正直に向き合って、ありのままのセルフイメージが何かを発見する勇気をもつことを求められています。

ありのままでない自分は、次々に手放していくようにします。

そのために、魔女は鏡のなかの自分に対して、心ゆくまで、自問自答して、本当の自分に戻っていきます。

その問いかけの言葉は、「本当の私は○○です」。

「○○」には、いろいろな言葉を置き換えていき、自分にしっくり来るものを見つけていきます。

この問いかけを少なくとも11回は問いかけて、答えていきます。その時点で、ありのままのセルフイメージが湧かない場合は、さらに11回問いかけていきます。

鏡を見て、ありのままのセルフイメージをマスターしたならば、鏡のなかのあなたの表情に微笑みが映し出され、眼力がついてくるのです。これがありのままのセルフイメージをマスターした印になります。

2つめのゲートは、感情のマスターです。

魔女にはとてつもない生命エネルギーがあり、その生命エネルギーは感情や行動力に現れます。

「嬉しい」「楽しい」「幸せ」「喜び」「情熱」などがそうです。同時に、「怒り」「悲しみ」「恐れ」「嫉妬《しっと》」「恨《うら》み」などのエネルギーも自分のなかに存在しています。

魔女として、このような多様な感情を感じることがありますが、同時にすべての感情は生命エネルギーであることに気づいています。

どんな感情が自分のなかで湧き上がってきているかをいつも気づき、感情のバランスをとるために、中庸なエネルギーに戻すことができるように日々実践を重ねています。

透視術を実践するときには、この中庸なエネルギーの状態で行うことが何よりも大切なことなのです。

偏《かたよ》った感情に支配されて透視することほど、危険なことはありません。その透視の信《しん》憑《ぴょう》性をなくしたり、透視を通して、誰かを傷つけるような行為になってしまう恐れがあるからです。

プロローグの魔女の信条を大切にして、自然界と宇宙の応援を受けとって、純粋に透視術を開花させる大切なポイントがここにあります。自分の感情をマスターすることは、魔女にとっては、トップ5に入る大切なことなのです。

感情のマスターをするためには、中庸である自分軸を育てていくことが鍵となります。

そのために使える大切な魔法があるのです。

自分と他人との境界線をクリアに保つことです。

それは、自分が味わった感情は、自分のものであり、相手のものではないので、自分の感情に責任をもって、クリアすることなのです。

また、同時に、相手の感情は相手のものであり、あなたの感情ではないということも同じように理解しています。


人が体験する出来事には、あらゆる解釈があります。

人それぞれの価値観や信念によって、解釈が変わってきます。

解釈や感じ方の違いに直面すると、さまざまな感情が自然に湧き上がってきます。

どんな感情に対しても善悪で判断せずに、中庸を保って境界線をクリアに保つことが、魔女にとっての相手や環境への貢献となります。


自分の感情のボタンを押してくれる相手が、まわりにきっといるかと思います。

たとえば、幸せのボタンを押してくれる友人であったり、怒りのボタンを押してくれるパートナーであったり、嫉妬のボタンを押してくれる親友であったり、恐れのボタンを押してくれる父親であったり、まわりにはその役割を演じてくれる人がいます。

このように感情のボタンを押されたときに、相手と自分のあいだには、透明の光の玉をイメージします。そのなかに、あなたが感じた感情を注いでいきます。

相手に自分の感情をぶつけることなく、自分もその感情に溺《おぼ》れてしまうことなく、ひたすら、透明の光の玉に感情を注いでください。

透明の光には、その感情が詰まっていき、色のついた光の玉になるかもしれません。

いずれにしろ、あなたの感情はいったん、このように透明の光の玉のなかに吐き出してしまいます。そして、この色のついた光の玉を清めて、あなたの純粋な生命エネルギーを取り戻します。

自然界の恵みのなかには、たくさんの癒やしを与えてくれる存在たちがいます。

この感情のエネルギーを浄化してくれる存在のなかでも、「物事を水に流す」ということわざがあるぐらい、「水」が役に立ってくれます。

「水の精霊」を呼んで、目の前にある感情がこめられた光の玉を純粋なエネルギーに変容してもらいます。

こんなふうに心でつぶやきます。

「神聖なる私の名のもとに、水の精霊よ、私が味わった感情を光の玉に注ぎました。どうか、その感情を浄化して、私のもとに純粋な生命エネルギーを戻してください。そうなりました！　ありがとうございます」

この言葉をつぶやいて、3秒以内には、頭頂《とうちょう》にあるエネルギーセンターのクラウンチャクラから純粋な生命エネルギーが戻されます。

チャクラとは、すべての生命体に存在するエネルギーセンターのことで、人体でいうと「リンパ節」や「ツボ」「経絡」といった主要な器官が集中している場所をさします。

チャクラの状態が健全に保たれていると、生命は本来の力を発揮しやすくなります。

さらに、それぞれのチャクラがうまく連携されていると、その相乗効果で飛躍的に活発になり、高いエネルギーで活動ができるのです。

一般にチャクラは、尾てい骨のあたりの「第1チャクラ」から頭頂の「第7チャクラ」まで7つ（139ページ参照）あるといわれており、クラウンチャクラは第7チャクラになります。

そのクラウンチャクラを意識しながら、普段より深い呼吸をして、確認をしながら、中庸な自分を感じてみましょう。

もちろん、相手が感情をぶつけてくることもあります。

相手が怒り、嫉妬、不満、不信、悲しみ、恐れなどの感情をぶつけてきたときに、あなたが境界線をクリアに保ちながら、相手に共感できる方法があります。

魔女は、「相手の感情と自分の感情は違うのだ」と、まずは認識しています。

だから、自分も相手と一緒になって、感情のエスカレーターを上がる必要はありません。

大切なことは、そのときに自分が感じている感情とつながっていることで、自分に意識を向けることです。相手の感情に意識を向けるのではなく、事柄に意識を向けることを通して、相手がどのポイントで感情的になったかに気づくことです。

そして、相手から伝わってくる感情の波は、目の前に透明の左まわりの渦《うず》をイメージしながら、相手の感情が自分に向かっているのではなく、その透明の渦のなかに吸いこまれていくことをイメージしておきます。

相手が感情的になったからといって、黙って受けいれるのではなく、相手の感情が透明の渦のなかに解放されていくのをイメージしながら、相手とその場にいることを選びます。大切なことは、目の前にいる相手と最終的には、どうしたいかを決めることなのです。

それが、仕事の相手であれば、今後一緒に仕事をしていきたいのか？　そうであれば、何を解決したいかを、感情を解放したあとに話し合うことです。

感情のゲートをマスターすることで、魔女は透視術を中庸な自分軸をもって、活用できるようになるのです。

3つめのゲートは思考のマスターです。

人生で体験したすべては、思考により現実化されているとよくいわれています。思考により現実が生まれていくとしたら、どんな概念、観念、価値観が思考のなかにあるかを見極めて、思考をマスターしていきます。

透視術の最大の目的は、この人生で何を現実化していくかです。

透視術を使って、自分の思考を超えたところの情報を受けとって、気づかなかった可能性が発見できます。

魔女が思考をマスターすることで、自分の枠組みを越えたところからの知恵を授かることも、透視術では可能になっていきます。

だからこそ、魔女は思考でがんじがらめになっている「概念」「観念」「価値観」がどんなものであるかを明らかにして、思考を超越することに取り組む必要があります。

魔女が思考をマスターするために、心がけていることがあります。

自分の行動の原動力となっている価値観は何であるかを発見することです。

そして、いつでも、自分の思考が絶対的なものではないことを意識しながら、まわりとかかわり、まわりの行動の背景にある価値観や観念を発見することを楽しんでいます。

思考をマスターするためには、自分の意識のなかに「メタセルフ」を育てることで、大切な観察者が自分のなかに育っていきます。


メタセルフというのは、メタは超越したという意味で、セルフは自分という意味です。

メタセルフとは、自分の思考にとらわれずに、無判断と無条件でいられる自分の意識です。メタセルフを育てることで、常に自分も相手にも無判断、無条件の状態を選択していられるようになります。そうすることで、自分の価値観や観念にとらわれて、物事に対して、こうでなければならないという呪縛《じゅばく》から解放された思考でいられるようになります。

透視術を活用するなかでも、自分の固定観念が邪魔をしてしまい、新しい情報が自分に降りてきても、自分の思考が「そんなことはありえない」「現実的ではないから無理だ」など思って、純粋に来た情報を降ろすことを阻《はば》んでしまう可能性があります。だからこそ、思考をマスターして、メタセルフを育てることをオススメしているのです。

メタセルフを育てるには、自分の右肩か左肩に意識をしてください。そこに、たとえば小さいおじさんであったり、自分のミニチュアであったりという存在が、肩の上にいるとイメージしてみます。そのメタセルフはいつも無判断、無条件の状態で、自分もまわりも観察しているという役割を意識します。

メタセルフに名前をつけ、人格化すると育ちやすいので、名前をつけてあげます。

たとえば、「メタちゃん」と名づけます。

「メタちゃん」を育てるには、毎日無判断、無条件でいる状態で、まずは、自分を観察していきます。

朝、目覚めたときに、「メタちゃん」に声をかけてみます。

「おはよう！　今日の私に何が起きているのかな？」と聴《き》いてみます。

顕在意識《けんざい》の自分は、「憂うつだから仕事を休みたいな」と感じていたとしたら、そんなふうに感じる自分をダメだと思って、イヤな自分や無力な自分を味わうかもしれません。

「メタちゃん」に同じ現状を聴いてみると、ただ、「今日は憂うつと感じていて、仕事を休みたい、みたいです。以上」というふうに、個人的な感情や判断を入れないで、自分を見るのです。

同じように、相手に対しても、ただニュートラルに観察しているだけで、善悪の判断をすることなく、その現状を俯瞰《ふかん》して、無判断でいられるのが、「メタちゃん」の役割なのです。

思考をマスターすることは、魔女が透視術を活用するときに、顕在意識だけでは読みとれない情報をニュートラルになって受けとるには欠かせないことなのです。

誰でもできる透視の方法

いよいよ透視術をマスターすることについて、深めていきましょう。

透視術だけをイメージすると、見えないものを見るというふうに捉《とら》えがちです。透視術に含んでおきたいノウハウがあります。それは、「直感力」「インスピレーション」「第六感」「超聴覚」「肉体感覚」などで、これらも透視術には大切な感性なのです。

透視することとは、どんなものなのかを知っておきましょう。

透視することとは、顕在意識では見えたり、聞こえたり、感じたりしない情報にアクセスすることです。

その情報は、まずは周波数で感じとります。その周波数がビジュアルで見えたり、音や言葉が囁《ささや》かれる超聴覚できたり、肉体感覚、第六感、直感で言語化できるようになります。

最大限に活用できる感性を使って、情報を受けとることを意図しておきましょう。

透視術をマスターするためには、プロローグで書かれた「奇跡を起こす魔法の5ヶ条」を守ることが絶対条件です（11ページを参照）。

5ヶ条を守って透視をすることで、自信をもって情報を伝えたり、使うことができるからです。そして、受けとった情報を着実に行動に移すことで結果が自然に生まれます。

シンプルにできる透視術を紹介していきましょう。

この透視術には、5つのステップがあります。このステップにしたがって実践することを21日間行うことで、透視力が深まっていきます。

ステップ1　純粋な空間をつくる

純粋な空間をつくるために、宇宙の愛のエネルギーで空間を満たす。

「神聖な私の名において、この空間を宇宙の愛で満たしてください」

宇宙の愛のエネルギーをピンクゴールドやピンク紫とゴールドの色でイメージをして、その色で部屋中を満たします。

ステップ2　純粋な自分の意識状態になる

空間が純化されたら、自分も純粋な意識につながって、中庸な自分軸をキープした状態になります。

「神聖な私の名において、私は今、宇宙と大地とつながって、神聖な自分を活かします。そうなりました」

純粋な意識の状態になったら、透視をする目的を明らかにする。

「神聖な私の名において、今日は、○○さんの△△（目的）のために、宇宙と自然界との共同創造の道具となって、私の透視能力を発揮して、貢献することを誓います」

宇宙と大地とつながったイメージを大切にして、宇宙の愛であなたを包みこみます。ピンクゴールドやピンク紫とゴールドの色の光の玉のなかに自分を入れます。大地とつながっているイメージは、自分の足が大木の根っことつながって、大地の生命エネルギーを受けとっているようにします。

自然界のなかにいて、自然と深くつながっているイメージをします。

たとえば、森のなかや草原や滝などをイメージしてみましょう。

ステップ3「魔法の透視術」をスタートさせる

ここでは5つの透視術を紹介します。自分に合うものを選んで試してみてください。

◉魔法の透視術1「山を使う」

目を閉じて、眉間《みけん》の中心に山をイメージします。

京都の大文字焼きのように、その山から文字が浮かんでくるのをイメージする。その言葉をメモに書いておく。

一文字ずつ出てくる場合もある。現れてきた文字を、次々に書いてみる。

◉魔法の透視術2「水を使う」

目を閉じて、眉間の中心に円形の湖をイメージします。湖の底から紙に描かれた絵か文字が浮かび上がってきます。

その情報を言葉で表現してみる。1枚だけで情報が不十分と感じたら、2枚目の絵か文字を湖の底から浮かび上がってくるように要請する。浮かび上がった内容を言葉にする。

◉魔法の透視術3「洞窟《どうくつ》を使う」

目を閉じて、胸の中心に意識を集中します。

胸の中心から道をイメージして、森のなかの洞窟へと入っていくことを想像します。

洞窟にたどり着いたら、そのなかに入っていく。そこには、壁画が描かれていたり、長老のような賢者がいたり、洞窟のなかの空気感が語りかけてくる。そこで見たもの、聞こえてきたもの、からだ感覚や直感で感じたことを言葉にしてみる。

◉魔法の透視術4「魔法のほうきを使う」

目を閉じて、お腹に意識を集中します。

魔法のほうきをイメージして、そのほうきをまたいで、乗っているイメージをする。

魔法のほうきに乗っている感じを体感する。魔法のほうきに乗って、必要な情報を受けとれる場所へと連れていってもらう。

たどり着く場所は、神殿であったり、自然のなかであったり、宇宙の果てかもしれません。どこにたどり着いたとしても、受けとる情報がそこにあります。

そこには、ガンダルフのような白髪の魔法使いがいるかもしれません。もしかしたら、神々しい女神のような存在がいるかもしれません。

漫画のキャラクターのようなユーモアのある存在がいるかもしれません。あるいは、ただ光の玉がキラキラ輝いているだけかもしれません。見えたもの、聞こえたもの、感じたものを言葉で表してみます。

◉魔法の透視術5「光の玉を使う」

目を閉じて、頭頂に意識を集中します。

宇宙から大切な情報を運んでくれる光の玉が頭頂に降りてきます。

その光の玉には、今日受けとる必要な情報が満ちています。

その光の玉が頭頂に降りてきます。頭頂に降りてきたら、自然にその光の玉がキラキラの光になって、全身に注がれます。

全身に注がれた光は、言葉になったり、イメージとなったり、身体感覚で感じたり、第六感で表現されます。受けとった言葉やイメージをメモに書いたり、声に出したりしてみましょう。

ステップ4　透視した情報を腑《ふ》に落とす

魔女は自分や相手のために受けとった情報を、純粋な心の目で確かめるようにしています。透視術で受けとった情報が純粋なものとして感じるときは、心が澄みきった状態になり、からだの緊張もない状態になります。そして、何の不安も恐れもない状態で、行動に移すことができるのです。

相手のために受けとった情報も同じように、自分と相手の気持ちもからだもすっきり軽やかになっていて、実際に行動に移しているイメージが鮮明にできるかどうかでわかります。そして、純粋に相手も行動に移すことにコミット（決意）ができるようになります。

透視術で受けとった情報を腑に落とすために、問いかけましょう。

この情報は私（相手）を幸せに導いているか？

この情報は私（相手）に原動力を与えているか？

この情報は具体的になるイメージが湧くか？
この情報に沿って行動を起こして、継続する価値を感じるか？
この情報について感じると心がオープンになって、リラックスできるか？

ステップ5　感謝で終了する

透視の魔法は、宇宙も自然界も神聖な自分も介在して行っているので、透視を終了するときは、宇宙と自然界と自分、そして相手にも感謝をして、終了します。

感謝とともに、太陽のゴールドの光のシャワーを浴びて、透視した情報が必要なタイミングで実現することを信頼して、日常に戻ります。胸の前で合掌して、終わります。

この5つのステップを実践しながら、自分にマッチングした透視の魔法を日常のなかで役に立ててみましょう。魔女の日々は日常のなかで魔法が活かされることが喜びであり、希望を抱いて、魔法が実現される兆しを目撃することなのです。

見えないものを見る力で、あなたは何を見るか

魔女が透視術を頻繁に使えるようになると、どんどんと自分だけでなく、まわりに貢献したくなるのも自然の働きです。まわりに役に立つために、透視術を使って、問題解決をすることが楽しみにもなるのは当然のことなのです。

見えないものが見える力は、あるときは大いに人の役に立つのですが、同時に人に迷惑になることもあるのです。

見えないものが見えるともっと見えるようになりたいとか、もしかしたら、人に対して優越感を感じてしまうこともあるかもしれません。このような気持ちになったときは、警告だと思うようにしましょう。

なぜかというと、魔女は魔法で個人的な優越感や劣等感などを埋めるような、自分の存在価値を高めるための透視術を使うことはありません。

もし警告を忘れて、優越感に浸ったり、劣等感、無価値感の穴埋めに透視術を使うことがあれば、宇宙と自然界とのつながりが充分に得られない状態のなかで、それを使うようになってしまうかもしれません。

透視する情報は、常に純粋な宇宙と自然界のなかから受けとれるはずです。

けれども、優越感や劣等感、無価値感という周波数でそれを受けとると、情報を歪《ゆが》めてしまう可能性が高くなります。

そうなると、純粋な情報ではなく、相手や自分をその場で喜ばせたり、悲しませたりするような情報になってしまうかもしれません。

透視術で見えないものを見えるようになったときに、大切にしなくてはならない宇宙の法則があります。それを「波動の法則」といいます。

自分のもとに引き寄せる情報は、愛と信頼の周波数でなければなりません。

自分自身もまわりも神聖な存在として、尊厳を守り、尊重して透視術を活用することで、「波動の法則」が働きます。

この法則によって、自分はまわりが神聖であることを受けいれて、透視術を使ったら、神聖な情報が引き寄せられてきます。

しかし、自分にもまわりに対しても、操作したり、期待したりする思い入れなどで透視をすれば、限られた枠のなかで情報を読みとることになります。それは最終的には、純粋な情報でない可能性があるのです。

魔女として、純粋に透視術を活用することを意図することが重要です。

自分にとっても相手にとっても、必ず最高最善を導く情報を受けとることです。

すべての存在の神聖さを真に大切だと思えるか?

そこに信頼があると、見えないものを見るときにも、本質的な情報が宇宙と自然界と神聖な存在である自分からも明らかにされていくでしょう。

Lesson

5

魔女のアクセサリーと魔法の杖

魔女は魔法の道具を身につけたり、バッグのなかに入れて持ち歩いています。バッグには、鏡やアロマや魔法の杖などを入れて、いつでも魔法を使えるように準備しています。そのなかでも、クリスタルとクリスタルのアクセサリーは、欠かせない魔法の道具の一つです。

魔法の力の根源として、自分と宇宙と自然界への愛と信頼が循環されているなか、魔法をよりパワフルにするためには、自然界からの大切な贈り物であるクリスタルを自由に使いこなすようにしています。

ここでは、クリスタルと魔法の杖の使い方を紹介します。そして、自分にぴったりなクリスタルアクセサリーはどんなものがあるかを発見していきましょう。

クリスタルに秘められたパワー

大地のことを魔女は、母なるガイアと呼んでいます。

ガイアとは地球のことを意味しています。母なるガイアはたくさんの贈り物を人類に与えてくれています。衣・食・住に必要なすべてが母なるガイアからの恵みです。

魔女は、この衣・食・住を通して、母なるガイアからの贈り物が与えられていることに畏敬の念をもって、ガイアとの共同創造を限りなく楽しみます。

その一つの贈り物が鉱物界のクリスタルなのです。

母なるガイアに感謝するとともに、ガイアの生命エネルギーを受けとりながら、クリスタルの魔法を実践していきましょう。


ガイアが鉱物界を生み出したときから、結晶のように輝くクリスタルも育て上げてきました。それ自体がガイアの魔法といってもいいぐらいなのです。

まるで生きとし生けるものの本質の輝きを、ガイアはクリスタルの輝きや色や形を通して教えようとしているかのように思えてなりません。

クリスタルには、そのの透明さや魅力を見るだけでも、自分自身の神聖さを思い出させてくれる力があります。

クリスタルの魔法は、古代レムリア時代からスタートしていました。

鉱物の種類は、地球には4000種類以上あるといわれています。そのなかでも神聖なパワーを放《はな》っている鉱物をパワーストーンやクリスタルと呼んでいます。

クリスタルの種類は、約300から400あります。

すべての創造物は波動で表されています。

波動は、その存在やモノが醸《かも》し出す周波数です。ラジオのチャンネルが、それぞれのヘルツで、それぞれの番組を聴けるように、波動もまたそれぞれにユニークな特徴を表しています。

クリスタルも、それぞれの種類で波動が違います。

クリスタルに秘められているパワーは、もっている波動で違います。

その波動はクリスタルの色でも表され、どんなことに働きかけるかがわかります。

たとえば、赤い色のクリスタルの波動には、生命力をアップする力があります。

緑色のクリスタルには、心の傷を癒やす力や心をオープンにする力があります。

人にはそれぞれ人格があり、役割があるように、一つひとつのクリスタルには秘められたパワーや役割があるのです。

クリスタルには、人を癒やす力、決断させる力、本質を発揮させる力、可能性を引き出す力、透視能力を高める力、幸運を引き寄せる力、金運を引き寄せる力、具現化する力などが備わっています。

古代エジプトやギリシャ時代にも、クリスタルがもつパワーを信じていたファラオ（王様）や神官たちの装飾品には、クリスタルを埋めこんだ金のネックレスやブレスレットなどがあります。

クリスタルをもつことで自分の地位や富や永遠の命や美のパワーを保てると信じられていたのです。

古代レムリアやアトランティス時代には、クリスタルの波動を活用するためのクリスタルでつくられた神殿が建てられていました。その神殿のなかでは、ビジョンを受けとる儀式や魂の進化を促す儀式などの魔法が使われていました。

また、古代の人々はクリスタルの神殿だけではなく、クリスタルにさまざまなパワーを封じこめる魔法も使っていました。

たとえば、宇宙の愛や創造のエネルギーをクリスタルに封じこめて、魔女は願いを叶えるために、そのエネルギーを使っていました。

いまも魔女は、クリスタルをあらゆる状況で活用しています。

魔女にとって、クリスタルは必需品として扱われています。

クリスタルのもつパワーを自由自在に活用するには、クリスタルと信頼関係を結ぶ必要があります。

クリスタルは、クリスタルをもつ相手との相性で発揮される力も変わってきます。だからこそ、魔女はクリスタルの最大限の力を借りて魔法を使うために、クリスタルと深くつながる方法を学びます。

クリスタルのパワーを活かすために、3つの大切な魔法を使う必要があります。

この魔法をマスターすることで、クリスタルのもつパワーを引き出して、人生をより豊かに変容することができるようになります。

クリスタルは、そのパワーを活用できる相手を選ぶともいわれています。

要するにクリスタルと魔女が相乗効果を発揮できるかどうかは、魔女だけが決めるのではなく、魔女が選んだクリスタルにも選ぶ権利があるというわけです。

見方を変えれば、いくらこちらがそのクリスタルを気に入ったからといって、クリスタルがそれに必ずしも答えてくれるわけではないのです。

それはまるで、男女の恋愛関係みたいなものです。相性やかかわり方でクリスタルが果たしてくれる役割は違ってくるのです。

クリスタルを扱う3つの魔法をマスターすることで、よりクリスタルと深くつながって、相乗効果を発揮できるように準備を整えていきましょう。

1つめの魔法は、クリスタルを意識ある存在として扱うことです。

クリスタルは人間のように言葉をもっていませんが、そこには精霊が宿っていますから、意識があります。クリスタルの意識に深く敬意を表して、つながる許可をもらうことをマスターしていきます。

そのためにには、まずはクリスタルの精霊に呼びかけます。

「神聖な○○（クリスタル名前）の精霊に願います。神聖なる私の名において、私があなたとつながり、共同創造をすることを願います。どうか私とつながって、交流する許可を与えてください」

と呼びかけて、そのクリスタルの精霊との交流を始めます。

左手にクリスタルをもって、そのクリスタルのもつ波動を手で感じてみます。

そして、あなたが感じていることや願っていることなどを自由に話しながら、そのクリスタルがどのように反応するかを感じてみます。

ここでも透視術を使いながら、クリスタルと交流することも試してみましょう。

2つめの魔法は、意識ある存在のクリスタルを大切に扱うことです。

大切に扱う一つの方法として、クリスタルを定期的に浄化してあげることです。クリスタルの成分によって、何を使って浄化をするかは変わってきます。

セージを焚《た》いて、その煙で浄化できるクリスタルもあれば、土や塩に埋めて元気になるクリスタル、クリアクォーツのクラスター（群れになっている水晶）の上において浄化できるクリスタルもあります。

湧き水などで浄化できるクリスタルや、太陽や月の光で浄化できるクリスタルなどもあります。

どのクリスタルを、どんなふうに浄化してケアするかも学んでいきましょう。

この時点では、どのクリスタルも浄化してくれるクリアクォーツのクラスターとセレナイトを使うことを覚えておきましょう。セレナイトは、もともとは石膏《せっこう》（ジプサム）の一種で、強力な浄化作用と癒やしの効果をもつ石とされています。

浄化したいクリスタルを、どちらかのクリスタルの上に一日中置いておきましょう。

浄化したクリスタルがきれいに輝いていたり、元気を取り戻しているように見えたら浄化が終わっているとわかります。

3つめの魔法は、クリスタルを何のために使うかをクリスタルに伝えることです。

クリスタルには大きく分けて3つの使い方があります。

その1つは、癒やしを目的とするために使うことです。

2つめは、それをもつ人の可能性やパワーを引き出すために使うことです。

3つめは、空間をパワフルな聖域にするために使います。

どのクリスタルを何の目的をもって使っていくかで、結果も変わってくるのです。

クリスタルを選ぶときには、直感を使って、クリスタルの波動を感じながら、自分と相性がいいと感じることが最善の方法です。

クリスタルに目的を伝える前には、一度は浄化してから、クリスタルを右手でもって、胸の中心に置き、何の目的でクリスタルとかかわるかをクリスタルに伝えます。

胸の中心と手を通して、クリスタルがその目的を受けいれているかどうかを感じます。

深呼吸を3回しながら、クリスタルがその目的を一緒に実現するサインを送ってくれていることを感じてみましょう。そして、クリスタルとのご縁をもらえたことに感謝して、そのクリスタルと毎日交流するように心がけておきます。

毎朝、クリスタルに挨拶をすることからスタートします。クリスタルを持ち歩いて、目的を実現することを意識することに活用します。

夜、寝る前には、クリスタルをベッドの横に置いて、クリスタルに一日の終わりで、目的に近づいている兆しを伝えます。

クリスタルに触れたり、ハートの上に置いたりして、クリスタルとのつながりを深めて、眠りにつきます。一つのクリスタルは21日間、一つの目的のために使うことが目安になりますが、長期的な目的のために手に入れたクリスタルは、その期間ずっと持ち歩くことをすすめます。

クリスタルには寿命があることもあります。

役割を終えたクリスタルは、そのパワーを発揮することがなくなることもありますので、その場合は、感謝を添えて、土に埋めるか、川に流して自然に返すことがクリスタルにとっての最善です。

この3つの魔法は、人生の目的や願いを叶えていくことへ貢献してくれます。

クリスタルは魔女の家族みたいな存在ですから、一度仲良くなってしまうと、クリスタルのない生活などはありえないぐらい、大切な宝物になるでしょう。

魔法の杖の使い方

魔女の道具で忘れてはならないのが、魔法の杖です。

魔法の杖なしでは、魔女を語れないほど、いくつもの種類の魔法の杖が存在しています。

元祖魔女の杖は、とてもシンプルにできています。

植物界の恵みの一つから魔法の杖をつくります。

樹木の枝を使って魔法の杖をつくるのが魔法の杖のオリジナルです。

樹木でも種類がたくさんありますが、オーク（樫の木）やヘーゼル（樺《かば》の木）が伝統的な魔法の杖に使われています。

いまでは、クリスタルや金や銀もつけたゴージャスな魔法の杖も、目的に応じて使うことができます。


魔法には地球の5大元素である、水、火、地、空気、愛が使われます。愛はスピリット（霊）に宿っているので、時にはスピリットとして、5大元素のなかに取りこまれています。このすべての元素を通して、魔法が実現していきます。

魔法の杖は、この元素を呼び覚まして、5大元素のエネルギーを使って、目的を実現します。癒やしを行うために使ったり、空間を聖域にしたり、空間や自分を保護したり、宇宙の叡智や愛を引き寄せたり、願いを叶えるために使います。


魔法の杖を正しく使うために、まずは、地球の5元素を呼び覚ます魔法を覚えておきましょう。

魔法の杖を大地に向けて、5大元素を象徴しているシンボルを描きます。

このシンボルは五芒星（☆）です。魔法を使うときに描く方向と、魔法を終えるときに消す方向は逆になります。ライン方向を間違えないようにしましょう。

いったん、魔法の杖で魔法をスタートする五芒星を描いたら、その場は聖域となります。その場は、保護された安全な空間として、使われることを約束されます。まずは、魔法の杖の使い方を目的別で学んでおきましょう。

◉魔法をスタートさせるときの五芒星の描き方

（1）魔法の杖を大地に向ける

（2）自分の前に五芒星の頂点を置き、五芒星の頂点から左下の角へとラインを描く

（3）左下から右上に向かってラインを描く

（4）右から左に向かって水平にラインを描く

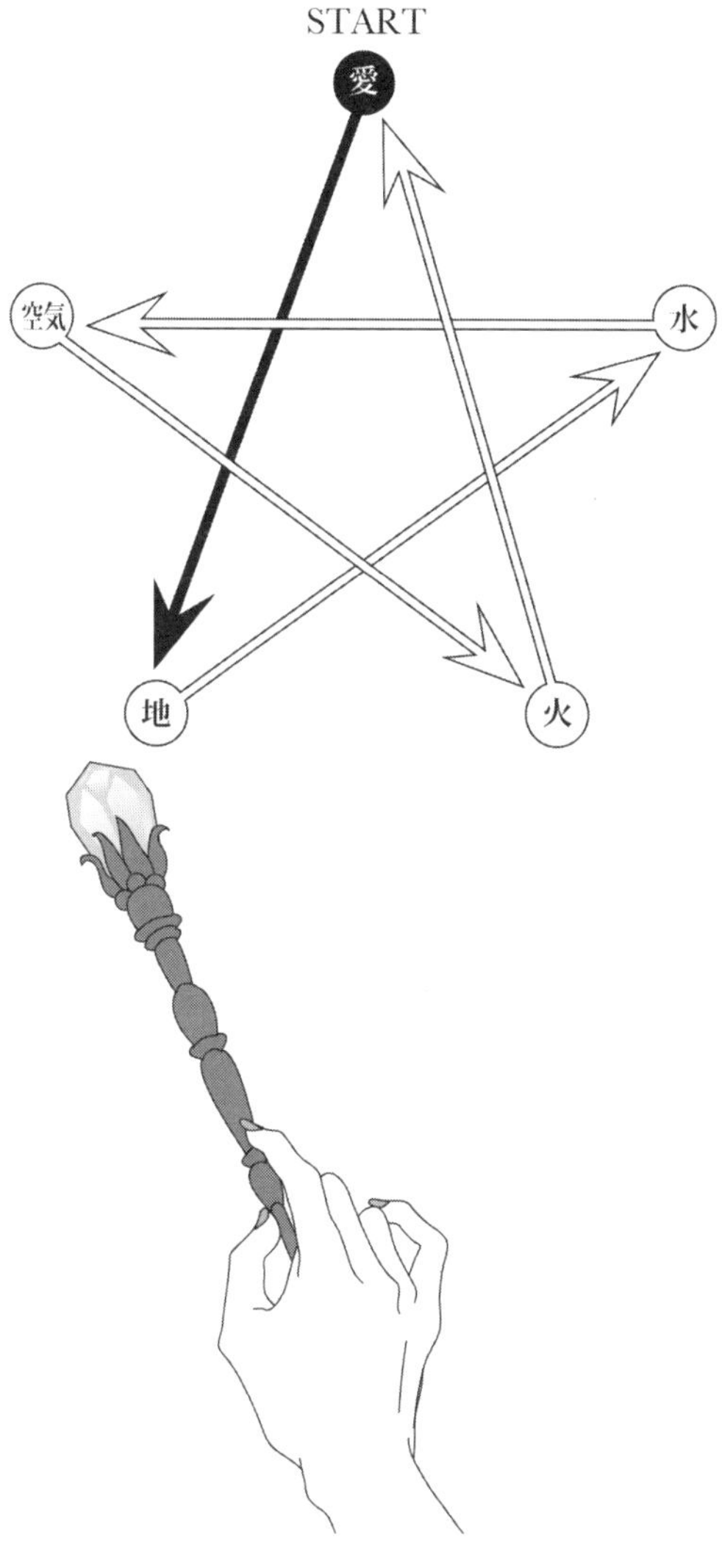
START
愛
空気
水
地
火

（5）左から右下にラインを描く
（6）右下から頂点にラインを描いて五芒星を完成する
（7）完成した五芒星の中心に入る

魔法の杖を使って、魔法を実践する方法

◉癒やしの魔法

「セレナイトワンド（セレナイトでつくられた杖）」を使います。

まず、セレナイトの精霊を呼びましょう。

「神聖なセレナイトの精霊に願います。神聖なる私の名において、あなたにつながり、共同創造をすることを願います。どうか私とつながって、交流する許可を与えてください」

自分のオーラにセレナイトワンドをかざして、セレナイトのエネルギーでオーラを満たしてもらい浄化してもらいます。

◉7つのチャクラ

［第1チャクラ］ルートチャクラ――尾てい骨
［第2チャクラ］セイクラルチャクラ――仙骨（おへその下）
［第3チャクラ］ソーラープレクサスチャクラ――太陽神経叢（みぞおち）
［第4チャクラ］ハートチャクラ――胸の中央にある
［第5チャクラ］スロートチャクラ――喉
［第6チャクラ］ブラウチャクラ――眉間（第3の目）
［第7チャクラ］クラウンチャクラ――頭頂

オーラの浄化が終わったら、頭頂のクラウンチャクラ（第7チャクラ）にかざして、セレナイトワンドを上から見て、時計まわりに回転させます。充分にセレナイトのエネルギーが満ちたと感じたら、逆時計まわりにまわして、不要なエネルギーを取り除いてもらいます。

次は眉間にある「第三の目」といわれる「ブラウチャクラ（第6チャクラ）」にかざして、自分から見て逆時計まわりに回転させて、セレナイトのエネルギーを満たします。充分満ちたと感じたら、時計まわりに回転させて、不要なエネルギーを取り除いてもらいます。

順に、喉にある「スロートチャクラ（第5チャクラ）」→胸の中央にある「ハートチャクラ（第4チャクラ）」→太陽神経叢（みぞおち）にある「ソーラープレクサスチャクラ（第3チャクラ）」→仙骨（おへその下）にある「セイクラルチャクラ（第2チャクラ）」までは、同じ方法で行います。

尾てい骨にある「ルートチャクラ（第1チャクラ）」では、セレナイトワンドを尾てい骨に向かって時計まわりにセレナイトのエネルギーを満たします。充分満ちたと感じたら、逆時計まわりで回転させながら、不要なエネルギーを取り除いてもらいます。

不要なエネルギーというのは、自分以外のエネルギーのことです。

たとえば、人の感情や想いを引き受けていたら、チャクラに残ったままになります。それを取り除くことで、純粋なエネルギーに戻っていきます。不要なエネルギーをそのままにしておくと、自分の気持ちや考えがわからなくなり、気分がすっきりしなかったり、考えがあいまいになったりします。

◉空間を聖域にする魔法

魔法の杖を使って、自分を中心に五芒星を東西南北に描き、天に向かって描きます。

描きながら各方位に向けて呪文を3回ずつ唱えます。

「神聖なる私の名において、宇宙の真理の名において、今ここに○○の聖域をもたらします。そうなりました。ありがとうございます」

空間にどんな聖域をつくりたいかで言葉を変えます。

たとえば、愛と平和の聖域、調和の聖域、真実の聖域、進化の聖域、創造の聖域、無限の可能性の聖域など、その空間で何をするかによって、呪文の○○に入れていきます。

◉願いを叶える魔法

手を伸ばして、魔法の杖を天に向けて宇宙とつながります。

願いを叶える呪文を唱えます。

「神聖なる私の名において、宇宙と大地とつながって、私は○○を実現します。それが私にとっても、すべてのかかわる人にとっても、地球にとっても最善であることを願います。そうなりました！　ありがとうございます」を3回唱えます。

呪文を唱えたら、魔法の杖の先から宇宙のエネルギーを取りこむために、逆時計まわりにまわしながら、魔法の杖を大地に向けていきます。宇宙のエネルギーと大地をつなげます。

「神聖なる私の名において、宇宙の愛と創造のエネルギーを受けとって、親愛なるガイアと一つとなって、私の○○を実現して、この惑星に貢献します。どうか、私の○○を実現する手助けを願います。そうなりました！　ありがとうございます」を3回唱えます。

沈黙のなかで、宇宙とガイアの応援を受けとって、願いが叶ったイメージや気持ちを味わいます。全身でそうなった感覚を味わって、その感覚を自分の細胞に届けます。願いが叶ったイメージが確実に湧き上がるまで体感しつづけます。

◉魔法を終了させるときの五芒星の消し方

（1）五芒星の中心から出る
（2）魔法の杖を大地に向ける
（3）五芒星の頂点から右下に向けてなぞる
（4）右下から左肩方向になぞる
（5）左肩から水平に右肩になぞる
（6）右肩から左下になぞる
（7）最後に、左下から頂点になぞって終了する

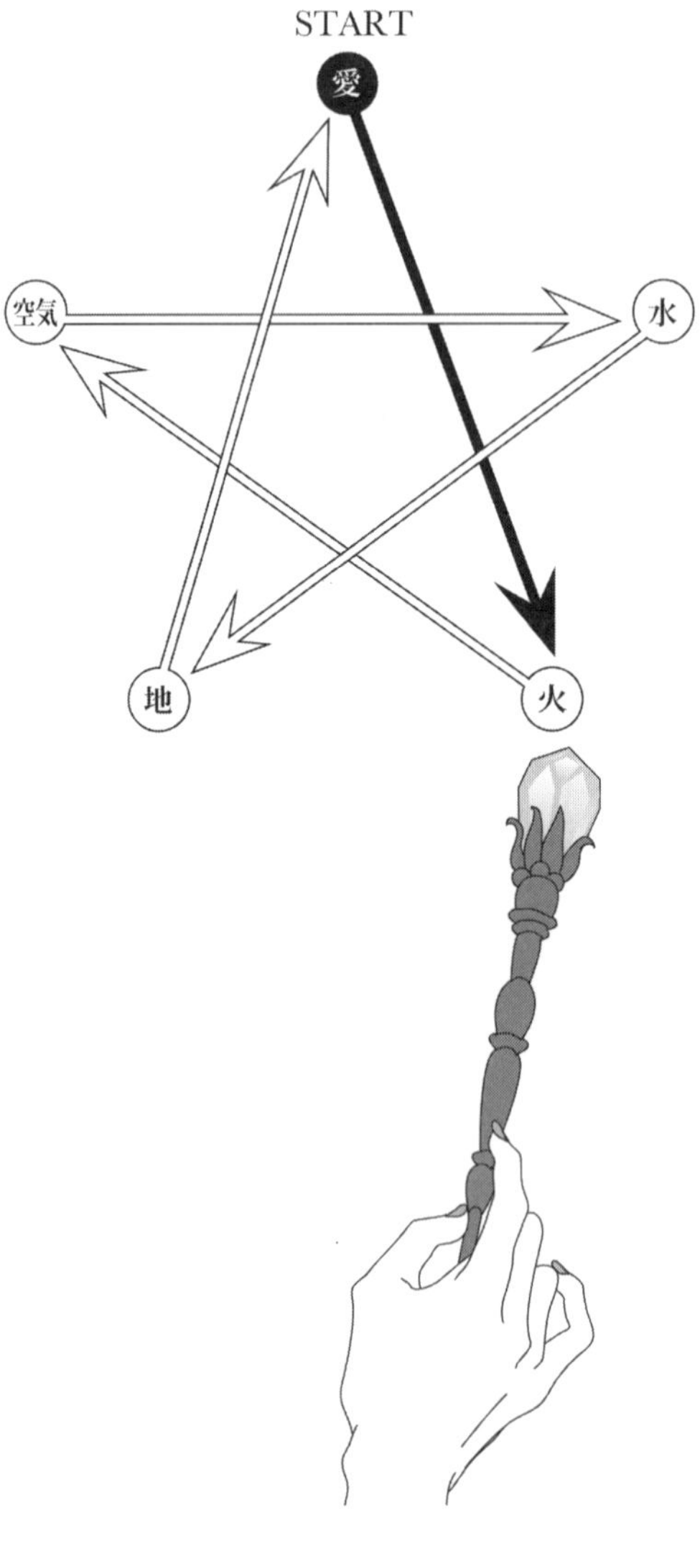
START
愛
空気
水
地
火

これで、杖を使う魔法の基礎をマスターできるようになりました。魔法の杖は、シルクやベルベットなどの袋をつくって保護することをオススメします。

魔法の杖は、あなたが使えば使うほど、パワーアップしていきますので、バッグのなかに入れて持ち歩くだけでも、あなたを守ってくれるでしょう。毎日使わない場合は、部屋のなかに聖域をつくって、保管しておくといいでしょう。

あなたに必要なクリスタルのアクセサリーとは？

魔女はいつもクリスタルのアクセサリーを身につけて、厄除けに使ったり、自分の美しさや可能性を開いたり、幸運を引き寄せることを楽しんでいます。

クリスタルのアクセサリーを自分のために選んであげて、本当に望んでいるライフスタイルを実現するサポートを受けとりましょう。

クリスタルアクセサリーを選ぶときに大切にすることがあります。それはあなたがそのクリスタルに触れて、気持ちが明るくなって、軽やかにいられるかです。あなたの波動がクリスタルによって、あげられているかどうかを見極める必要があります。

クリスタルのお店に行けば、それぞれのクリスタルの効能が書かれた情報もあります。その効能を基準に選ぶことができますが、それ以上に大切なことは、あなたの直感が教えてくれます。効能を見て選ぶ前に、クリスタルアクセサリーの色や形を見て、身につけてみて感じる感覚を信頼して、選ぶことをすすめます。

魔女は自分の感性を磨きつづけて、何を決めるにしてもその感性を信頼することができるのです。

ここからは、どんなクリスタルをアクセサリーにしたらよいかを学んでいきましょう。

テーマ別でクリスタルのアクセサリーを理解していきましょう。

アクセサリーは、ブレスレット、ペンダント、ピアス、リングのどれであれ、身につけることでクリスタルのパワーを活用できるようになります。

◉仕事運をアップするクリスタルの魔法［タイガーアイ］

虎の目のように光って、鋭い力を感じさせてくれる石です。黄色系の色で、全体的には茶色い光沢があります。タイガーアイを身につけると、仕事への意欲ややる気を回復してくれます。仕事がうまくいかないで悩んでいるときには、仕事の能力不足だと自分を責めることなく、タイガーアイのパワーを使って、自信も取り戻して本来の能力を発揮していきましょう。タイガーアイのブレスレットを左手につけて、手首に光っているクリスタルを見て、「自分にはできる！　やれる！」と呟《つぶや》いて、能力を発揮していきましょう。

◉金運をアップするクリスタルの魔法［ルチルクォーツ］

透明のクリスタルのなかに金色の針状結晶が入っています。日本語では、針水晶と呼ばれています。この金色の針がお金のパワーをアップしてくれます。お金とご縁を深めたいときに、お金を引き寄せるパワーを与えてくれます。お金を引き寄せて、まわりに豊かな人々が増える想いをもちながら、ルチルクォーツに好かれるためには、お金も愛のエネルギーであることを意識することです。そうすることで、お金の豊かさがめぐってくるでしょう。ルチルのペンダントをハートの真ん中あたりにつけて、あなたの愛がお金の豊かさを受けとれるのだと意識をしてみましょう。ブレスレットは左手につけ、ハートの形をしたルチルのペンダントトップは胸の中心につけてみましょう。

◉夢を叶えるクリスタルの魔法［アイオライト］

青紫系の色で輝くアイオライトは、目標を決めた人が軽やかに目標を達成するように導いてくれます。迷うことなく、夢に向かって前進していきたいときに身につけることで、そのパワーが活用されていきます。「夢は叶うから絶対に大丈夫だよ！」と勇気づけてくれるでしょう。アイオライトの光を全身に注ぎながら、夢が近づいてくるのを感じてみましょう。自分の目標に向かって集中し、行動をとりつづけられるように、アイオライトのリングを左手の人差し指につけて働きかけてもらいましょう。

◉恋愛運をアップするクリスタルの魔法［ピンクトルマリン］

濃いピンク色をしているピンクトルマリンは、あなたのなかにも愛が満ちていくサポートをしてくれます。愛に満ちたあなたにパートナーを引き寄せていくサポートもしてくれるのが、このクリスタルです。ピンクトルマリンはあなたのハートを癒やし、ハートを再び開いて、愛を放つことが自然にできることを思い出させてくれるでしょう。ピンクトルマリンのリングを左手の小指につけて、ハートを開いて、あなたの人生に愛を自然に引き寄せていきましょう。男性と女性を一つにしたシンボルは六芒星です。六芒星のペンダントトップもパートナーシップを引き寄せる手助けをしてくれるでしょう。胸の中心に六芒星ペンダントをつけるのもサポートになります。

◉人間関係を楽しめるクリスタルの魔法［ターコイズ］

晴天の空の色のクリスタルは、あなたのコミュニケーション能力をアップしてくれます。人間関係を心地よくスムーズにする自己表現の力をつけるサポートをしてくれます。人間関係で自分のことをうまく伝えられないで、誤解されることがあったとしても、ターコイズは、それ以上にあなたらしく自分のことを相手に伝えることを応援してくれます。喉《のど》のすぐ下に丸いターコイズのペンダントトップをつけて、自分のことを相手にもっと知ってもらえるように話しかけ、相手の話を聴いて好奇心をもって、人とかかわることをサポートしてもらいましょう。左手の中指にターコイズのリングを身につけることでコミュニケーションをさらに調和的にできるサポートをしてもらえます。

◉自分の可能性を開くクリスタルの魔法［モルダバイト］

深いグリーンのモルダバイトは宇宙からやってきたクリスタルです。宇宙の叡智が無限に詰まっているので、潜在意識に眠っているあなたの可能性を開くために、あなたのなかにある不安や不信や恐れのエネルギーを解放して、より高い波動へと進化させてくれます。あなたが制限を超えていく手助けをして、新たな可能性を見出す情熱を感じさせてくれるでしょう。ブレスレットを左手につけたり、イヤリングをつけて、無限の可能性にアクセスする意図をもってモルダバイトを身につけましょう。右手の薬指につけると、よりあなたの創造力をアップして、未知なる可能性を開くサポートにもなるでしょう。

◉ダイエットを成功させるクリスタルの魔法「クリアクォーツ」

ガラスのように透明なクリスタルは、万能のクリスタルとも呼ばれています。新陳代謝や細胞やDNAの活性化を促してくれます。ストレスが原因で体重が増えたりすることもあります。そんなストレスも解消して、安定した気持ちにもしてくれるでしょう。右手にブレスレットをつけたり、両足にアンクレットとしてつけることもサポートになります。ペンダントトップとして身につけてもよいでしょう。頻繁に水や塩などで浄化しながら、ストレスフリーの軽やかな気分で、ダイエットのサポートをしてもらいましょう。

◉魅力をアップするクリスタルの魔法「マザーオブパール」

一部の貝の白く光沢《こうたく》のある真珠質も自然界の贈り物です。鉱物界の贈り物の一員ではないのに、なぜかいつもクリスタルと一緒に紹介される海からの贈り物です。女性らしさを引き出して、女性としての魅力に気づかせてくれます。マザーオブパールの指輪を右手の小指につけて、女性性をアピールしたり、マザーオブパールのビーズでつくったネックレスをつけることで、自分に自信をもって、魅力的な自分を表現する手助けをしてもらいましょう。

◉ストレスを解消するクリスタルの魔法［マラカイト］

緑色のマーブルになっているマラカイトは、心とからだの緊張をやわらげてくれます。本来の安定した心とからだに戻してくれるので、ストレスを抱えがちな人には必需品となるクリスタルです。マラカイトのブレスレットを左手首につけながら、ストレスをタイムリーに解消してもらいましょう。ストレスを頻繁に解消してくれるマラカイトは、頻繁に浄化してあげることが求められます。クリアクォーツのクラスターの上において、マラカイトを浄化する習慣をつけておきましょう。

◉透視能力をアップするクリスタルの魔法［アメシスト］

紫色の輝きを放つアメシストは、スピリチュアルな意識を高めてくれる手助けをしてくれます。アメシストを身につけると直感やインスピレーションを受けとりやすくなります。

透視術を磨く人には欠かせないクリスタルの一つです。アメシストは、楕円形のイヤリングやペンダントトップとして身につけることで、スピリチュアルな能力アップに貢献してくれます。指輪としてつけるならば、左手の中指につけることで、直感力がさらに磨かれるでしょう。

◉決断力をアップするクリスタルの魔法［シトリン］

透き通った黄色いクリスタルのシトリンは、自信を与えてくれて、物事を明晰に判断して、行動に移すことを応援してくれます。左手にもって、太陽神経叢《そう》（みぞおち）のチャクラの上に置いて自己信頼を高め、大切なことを決めるときに活用してみましょう。普段は右手にシトリンのブレスレットをつけて、ペンダントトップは四角い形のものを選び、ハートよりやや低い胸骨のあたりにつけるようにすると、明確な意志をもって物事を決められるように手助けをしてくれます。

◉生命力をアップするクリスタルの魔法［ガーネット］

赤い色の光を放つガーネットは、心もからだも元気づけてくれるクリスタルです。免疫力を高めてくれるので、からだの健康に貢献してくれます。持続力や持久力などもアップしてくれます。ガーネットのブレスレットを左手につければ、ガーネットのエネルギーを取りこんで、からだが活力にあふれている毎日を送ることを手助けしてくれます。

胸腺の上に円形のガーネットのペンダントトップをつけることで、特に免疫力をアップしてくれるでしょう。

◉自信をつけるクリスタルの魔法［サンストーン］

オレンジ色のキラキラしたサンストーンは、太陽のように暖かいイメージがあります。積極性と自信を高めてくれ、自分らしさを自信をもって発揮できることへ貢献してくれます。力強く自分の意志を貫くためにも働きかけてくれるので、「ここぞっ！」という力を発揮したいときにも応援してくれるクリスタルです。大きめのピラミッド形のサンストーンのリングは、左手の人差し指につけることで、より自信がもてるようになります。

◉自分をネガティブなものから守るクリスタルの魔法［ヘマタイト］

深い黒みがかったシルバーの重みのあるヘマタイトは、魔除けの石として使われることがあります。ネガティブなエネルギーを振り払うサポートをしてくれます。そして、生命力をアップして、心とからだのバランスを保てるように働きかけてくれます。アンクレットやブレスレットとして両手足につけて、ネガティブなものから守られたいときにつけて、保護してもらいましょう。

◉人生に幸運を引き寄せるクリスタルの魔法［モルガナイト］

淡いピンク色の光を放つモルガナイトは、無条件の愛の波動をもっているクリスタルです。あなたが存在しているだけで無条件に愛されていることを思い出させてくれるでしょう。あなたという神聖な存在のなかにある「幸せになるために生まれてきた」ことを潜在意識から呼び覚まして、人生は幸せに満ちていることに気づかせてくれるでしょう。左手にモルガナイトのブレスレットをすることで、幸せが自分に満ちていくサポートをしてくれます。モルガナイトのペンダントトップは、楕円形やハート形のものを選んで、胸の中心につけてあげましょう。あなたの魂レベルにある愛を満たして、「幸せは今ここにある」ことを感じさせてくれるでしょう。

数限りないクリスタルがありますが、入門としては右に挙げたクリスタルアクセサリーがあることを学んで、まずは気になるものから体験してみましょう。

クリスタルの魔法を通して、間違いなく、あなたの人生がより幸せに満ちたものへと変化していくことでしょう。

Lesson

6

魔女のハーブとアロマセラピー

誰もが毎朝目覚めたときに、心もからだもマインドもすっきりして、幸せな気分で一日をスタートさせたいと思っているのに、からだも心も憂うつな気持ちで朝を迎えることがあります。

魔女は、からだと心とマインドのバランスを崩していたら、朝一番にその兆しがわかります。魔女は毎日の精神・思考・感情・肉体のバランスをとって、生命エネルギーに満ちた日々を送るために、ハーブとアロマを使って、自分やまわりが癒やされることに貢献します。

なので、まずは、自分自身の時間をつくって、セルフケアを怠ることはありません。どのハーブやアロマを使うにしても、レッスン3で学んだ、植物界の精霊とつながることを活用して、ハーブやアロマも生活に取りこみましょう（81ページ参照）。

ここでは、魔女の愛したハーブの種類、魔法のアロマオイルで心とからだを整えること、状況や状態別に必要な魔法のアロマセラピーを紹介していきます。

魔女の愛したハーブの種類

世界中のハーブを数えたら、星の数ほどあります。地球からの人類への素晴らしい贈り物のハーブを魔女は讃《たた》えて感謝して、ハーブの力を借りて、日々を送っています。

ハーブは魔女の食生活と住む空間には、欠かせない魔女の宝物です。

古代エジプトでは、媚薬や毒薬として使われることがありました。美の魔法を愛していたクレオパトラのお気に入りには、ジャスミンやバラなどでした。

ハーブは、食用と薬用、香用に分かれています。ハーブは食することもできれば、乾燥させて部屋の芳香剤にも使えます。また化粧水や美肌クリームとしても使えます。空間の魔除けとして使ったりもしています。

魔女が愛して日常に欠かさないハーブは、からだのデトックスに使ったり、からだのバランスを整えて免疫力をアップしたり、血液の循環をよくしたりするために必要なハーブを生活のなかで活用しています。

いまでは、自然のハーブはサプリメントやハーブエリクサー（液体）としてもドラッグストアやオーガニックスーパーなどでも扱っているので、手軽にハーブを摂取することができます。

ハーブを取り扱うときに、注意しておくこともあります。

ハーブは摂取量や摂取期間などでとりすぎたり、混ぜすぎたりすると本来の健康を損《そこ》ねてしまうこともあります。

いちばんの健康は、からだの自然治癒力を発揮することです。ハーブは、そのサポートをするために貢献してくれます。


すべての生きとし生けるものには波動があります。

一つひとつのハーブにも波動があります。

ハーブを選ぶときも、その波動を感じとることができるとハーブの魔法を使えるようになります。

ハーブにも色、形、香りがあり、育てられる環境のパワーも含んでいます。

自分の波動もメタセルフで観察して、波動のマッチするハーブを選んでいきます。

たとえば、からだが重くて便秘がちになっている状態であれば、からだをすっきりさせて、便秘を解消する手助けをしてくれるハーブをお茶やサラダに加えて、食事をするのがベストです。


11世紀の終わりに、ドイツに生まれた魔女のカリスマ的修道女がいました。

小さい頃から透視能力が高く、8歳で修道女となったヒルデガルト・フォン・ビンゲン女史は、多才な女性でした。

ヒルデガルトが7年かけて書き上げた本『フィジカ――自然治癒力』には、自然界がからだに与える素晴らしい影響があることが記されています。そこには200種類以上の身近に見つけられるハーブが紹介されています。ハーブを扱う魔女にとっては、大切な教本の一つです。同書は食事そのものが健康であるための大切な薬だと教えてくれました。

万人にきく食物「フェンネル」「スペルト小麦」「栗」の3つは、誰もが健康を維持するために食べるといいといわれていました。

ここに紹介されたフェンネルは、ハーブのなかでも健康維持には欠かせない役割をしています。また空腹のときに食べると、老廃物を減らしてくれるサポートをしてくれます。

最近は、ハーブのなかにはスーパーフーズとして扱われるような種類のハーブがあります。スーパーフーズとは、栄養のバランスがとれて、突出した成分が含まれている食べ物です。たとえば、モリンガ、チアシード、ケールなどが突出した栄養成分があるので、スーパーフーズとして知られています。

魔女の健康を育《はぐく》むハーブには、どんなものがあるかを学びましょう。

◉セント・ジョーンズ・ウォート

魔除《まよ》けとして自分を保護するために、乾燥したものを部屋に飾っておく。気分が落ちこんだり、ストレスを感じたりしているときに、サプリメントを飲むことで鎮静作用を促してくれます。脳内の神経伝達物質の一つのセロトニンが減少すると、感情的に落ちこんだり、ストレスを感じやすくなります。

セント・ジョーンズ・ウォートには、セロトニンの分泌を増やすヒペリシンと、セロトニンの不足を補うヒペルフォリンが含まれているので、感情を安定させる作用があります。からだをゆるめるので、眠くなることがあります。

パワフルなハーブなので、単独摂取がオススメです。1日あたりの摂取量は300mgを3回が目安です。他の医療薬を服用している方にはすすめません。妊娠中の方は控えましょう。

◉ジンジャー

からだが冷えこんでいたり、血行が悪いなと感じたら、ハーブティーにジンジャーを入れたり、お湯に生のジンジャーをすりおろして、はちみつを加えたホットジンジャーをつくって飲みましょう。便秘がちの人にもオススメします。

からだを温めて発汗作用を高め、血行をよくしてくれます。胃腸の働きを整える効能もあるので、吐き気や胃もたれも軽減してくれます。

ジンジャーの成分には「ジンゲロン」と「ショウガオール」が含まれていて、この成分がからだを芯まで温める役割をしています。

◉よもぎ

和製ハーブの女王と呼ばれているぐらい、オールマイティなハーブです。

ダイエット効果、貧血改善、美肌効果、婦人科系の不調の改善、コレステロール値低下、安眠作用などがあります。

ほうれん草の約2倍の繊維質があり、クロロフィルも成分に含まれています。悪玉コレステロールを低下させる成分が、よもぎのクロロフィルに含まれています。

ベータカロチン、ビタミンK、ミネラル、シネオールなどの成分が含まれているので、オールマイティなハーブとして使われています。

ハーブティー、サプリメント、食事で食べるだけでなく、よもぎ蒸しを通して、からだのデトックス効果があります。よもぎ蒸しは、穴の空いた陶器の椅子に座って、その椅子の下で釜に入れたよもぎを煮て、よもぎの香りのスチームを肛門やからだに直接あてる健康法です。

◉モリンガ

「奇跡の木」と呼ばれているハーブとして知られています。

モリンガは、その根っこや茎、葉っぱ、花にミネラル、ビタミン類、必須アミノ酸、アミノ酸など約90種類の成分が含まれており、アフリカでは、緑のミルクとも呼ばれています。インドでは、アーユルベーダという民間療法に使われています。疲労回復、アンチエイジング、からだのむくみを解消、免疫力アップ、抗炎症作用などの効果が期待されています。

モリンガのパウダーをスムージーに入れて飲んだり、お茶として飲むこともできます。

モリンガはサプリメントとして摂取できます。

とはいえ、モリンガも他のハーブもそうですが、とりすぎは逆効果ですので、一日の摂取量はパウダーで2〜3mgが目安です。

◉マージョラム

魔女が特別に愛した薬草の一つです。長寿のハーブとして愛用しています。料理にもアロマにもハーブティーにも活用しています。伝説では、愛と美の女神アフロディーテがマージョラムをつくったので、幸せを呼びこんでくれるという意味もあります。ギリシャなどでは、結婚する男女がフレッシュなマージョラムの冠《かんむり》をつけて結婚式をするほど、幸せを象徴するハーブです。

カルバクロールやβカロテンを豊富に含んでいるので、からだの抗酸化作用をサポートしてくれます。マージョラムは、お茶として食前にとると食欲増進となり、食後にとると消化促進してくれる特徴があります。

頭痛や生理痛の痛みをやわらげて、神経を落ち着かせるサポートもしてくれます。解毒《げどく》作用や防腐作用もあるハーブです。妊娠中の使用は避けましょう。

◉エキナセア

免疫細胞を活性化して、免疫力をアップしてくれます。風邪をひきそうになったときや、インフルエンザにかからないように予防してくれます。

エキナセアの成分のタンパク質類、フラボノイド、多糖類が免疫機能を高めてくれます。ネイティブ・アメリカンは、蛇に噛まれたときや傷口を消毒するためにエキナセアを使っているという言い伝えがあります。エキナセアはお茶として飲まれたり、サプリメントとして摂取されることがあります。

エキナセアは毎日続けて飲むハーブではなく、風邪の予防などに2週間ぐらいという期間を区切って飲むハーブです。飲みつづけることで、かえってからだが免疫力をつけることを損《そこ》ねてしまうこともあるので、気をつけてください。

◉セージ

ハーブの名前そのものが「救う」「癒やす」という意味をもっているセージは、抗菌力があります。

五感を活性化する作用もあるので、お茶にして飲みます。血液の循環を促し、生命力をアップしてくれます。体液の浄化もしてくれます。体液が過剰になると体臭や口臭が気になりますが、セージはこんなときにも、体液が過剰になるのをおさえてくれます。歯周炎、口内炎などの炎症もセージのお茶でうがいすることで、炎症をやわらげてくれます。

継続して飲んでいても、3週間たったら1週間ほどはセージをとることを控えることをすすめられています。高血圧の人や妊娠中の人は使用を避けましょう。

◉シナモン

最古のハーブともいわれているシナモンは、ミルラという精油と一緒にミイラづくりにも使われていたそうです。

脳を活性化するともいわれているので、霊感も冴《さ》えるといわれます。甘い独特の香りで、脳に刺激を与えてくれるのは間違いありません。アルツハイマー型認知症の原因となるタウタンパクを分解してくれるようです。シナモンティーのほか料理にもシナモンは使えます。シナモンはお風呂に入れて使うと、シンナミックアルデヒドという成分が作用して、皮膚を通る毛細血管に刺激を与えて、活性化してくれます。

肌の美容にも役立つシナモンは、魔女の美容には欠かせません。ただし妊娠中はシナモンは避けましょう。

◉コリアンダー（パクチー）

香草で、タイ料理によく使われている強い香りのハーブです。精力をアップしてくれるハーブとして使われています。強い香りはするものの、恋愛成就の媚薬であるともいわれています。そして、デトックス効果も高いのが特徴です。体内に溜まった重金属などの有害物を排出してくれる効果があります。

ビタミン類、ミネラル類も豊富なハーブなので、美容と健康に役立つパワフルなハーブです。眼精疲労にも効きます。カリウムも成分に入っているので、血圧を調整する働きがあり、高血圧の人も食べるとよいハーブです。サラダや料理に入れて食べるのがいちばんオススメです。

多くのハーブはパワフルなので妊娠中は使えないのですが、妊娠中でも安全に楽しめるハーブも少しお伝えしておきます。

ハーブはカフェインフリーのものが多いので、ハーブティーにすれば、安心して飲むことができます。ジンジャー、ペパーミント、ローズヒップなど、飲みすぎないように意識しながら、ホッと一息ついたり、つわりの不快感から解放されたいときなどにハーブティーにして飲みましょう。

魔女が愛したハーブは数知れない種類がありますが、何よりも大切なことは、使うハーブの精霊とかかわることで、必要な癒やしや活力を受けとることが可能になります。

ハーブの魔法は、シンプルにハーブとかかわることからスタートします。自分のからだを静寂にして、からだが必要だと感じるハーブはどんなものかを探ってみましょう。

ハーブの効能を学ぶための本や情報はたくさんあります。魔女は自分の感性を羅針盤《らしんばん》として選んだハーブを生活に取り入れています。

ハーブの魔法を使う方法をまとめておきましょう。

ハーブの精霊とつながって、ハーブを使ったり食したりするのとしないのでは、その効果は変わってきます。そして、ハーブを食するときには、大地とハーブへの感謝を忘れずにいただきます。

そのハーブに、どんなところに働きかけてもらいたいか？　ということについてもハーブの精霊に伝えておきましょう。

ハーブを食するときに、その目的が叶ったという意図をもっていただきます。食べ終わったら、感謝とともに合掌します。

ハーブは空間やオーラの浄化にも使えます。特に乾燥したホワイトセージは、線香に火をつけるようにして、炎で燃やし、煙で浄化したい空間やオーラ全体に煙を行きわたらせて、ネガティブなエネルギーが取り除かれていくことを意図します。

ネイティブ・アメリカンは、ホワイトセージを儀式が始まる前に自分を浄化するために使っています。

アロマセラピーで心とからだを整える

魔女はハーブや花を、香りの魔法のために使います。

アロマセラピーは、香りを活かして、精神・思考・感情・からだに働きかけていきます。

魔女が使うアロマセラピーには、浄化スプレーやアロマバスなどがあります。これ以外に、魔女の若返りのクリームや石鹸などがありますが、そこまでするのは魔女を極めてからでも遅くないので、まずは手軽にスタートできるアロマの魔法を学んでおきましょう。

魔女は、永遠の美や命を慈《いつく》しんで、この地球で自分がより神聖な存在となれることに働きかけます。宇宙は高周波を魔女に与え、大地は高周波を体現するために魔女と共同創造してくれます。

アロマセラピーは、１９９０年代ぐらいから日本でも普及してきていますが、もともと魔女は西洋医療がない時代から心身ともに必要な治療のために使っていたのです。昔は自分の住まいのまわりにある植物と交流をして、アロマセラピーを行っていました。

現在では、アロマセラピーに使う精油は自分でゼロからつくることはありません。すでに洗練されたアロマセラピーに使える精油は、販売されています。

魔女がアロマセラピーを実践するうえで、大切にすることがあります。アロマの魔法をどんなふうに使いこなすかを用途別にリストアップしておきましょう。

オーラを浄化するアロマスプレーのつくり方

☆——用意するもの
ガラスの遮光瓶（スプレー用）
ビーカーとガラスの棒

無水エタノール　5ml
精製水　45ml
100%の精油（ラベンダー、ローズマリー、フランキンセンス）各3滴
ボトルの口から入れられるクリアクォーツ

▼STEP

（1）聖域をつくって、ラベンダー、ローズマリー、フランキンセンス、クリアクォーツの精霊たちを歓迎する

「神聖なる私の名において、今この空間に、宇宙の愛と叡智のエネルギーと大地の生命エネルギーを招きます。ラベンダー、ローズマリー、フランキンセンス、クリアクォーツの精霊たちを招きます。私との神聖な共同創造において、オーラを浄化するためのアロマスプレーをつくることに貢献してください。そうなりました。ありがとうございます」

（2）ビーカーとガラスの棒を使って、ラベンダー、ローズマリー、フランキンセンスの精油をビーカーに3滴ずつ入れて、混ぜて香りを調合する
◎精霊たちとつながって、それぞれの生命エネルギーとともにオーラを浄化するために働きかけてもらうように、軽く目を閉じて祈ります。
「神聖なる私の名において、オーラの浄化のための魔法のスプレーをつくるために最高の香りとなって、共同創造を願います。そうなりました。ありがとうございます」
◎それぞれの香りが混ざっていくのを、優しくガラスの棒で右まわりにかきまわしながら感じ、宇宙の愛と自分の愛も注ぐイメージで混ぜていきます。

（3）無水エタノール、精製水と精油を混ぜる
◎ブレンドした精油に無水エタノールを混ぜて、消毒された遮光瓶に入れる。精製水を遮光瓶に加えて、よく振って混ぜる。

（4）オーラを浄化するスプレーにクリスタルのパワーを入れる
◎クリアクォーツを左の手のひらにのせて、宇宙の愛と大地の生命エネルギーをクリアクォーツに注ぐイメージをします。

◎**遮光瓶**にクリアクォーツを**入**れて、3**回振**って**出来上**がりです。
◎3**回振**るときには、「**宇宙**の**愛**と**大地**の**生命**エネルギーとともに、**浄化**スプレーを**完成**しました。ありがとうございます」と3**回唱**えます。

（5）**出来上**がったスプレーをオーラのまわりに**振**りかけて、**味**わいましょう

オーラの浄化スプレーは毎日使えます。少しからだや気持ちが重くなったときには、からだのまわりにスプレーしてあげます。そうすると、気分もからだもすっきり、軽やかになっていくでしょう。

アロマバスの魔法

一日の疲れは、お風呂で癒やされます。普通にお風呂に入るだけでも、からだも心もリラックスします。アロマオイルをお風呂に数滴落とすだけでも、疲労回復やリラックス効

果がアップするので、お風呂でアロマの魔法を利用していきましょう。

バスタブに精油5滴を目安に入れましょう。ブレンドしたいときも、全部で5滴～6滴を目安にしましょう。バスタイムの目安は30分から40分ぐらいです。

ブレンドしたい場合は、2種類～3種類をブレンドして、バスタブを宇宙の愛と大地の生命エネルギーを充分に取りこんで、右まわりにかき混ぜてあげましょう。

目的別で使う精油を選んで、試してみましょう。アロマバスの魔法を使って、日々の神聖な自分を大切にしてあげましょう。

◉アロマバスでリラックスの魔法

ラベンダー、フランキンセンス、カモミール

◉アロマバスでダイエットの魔法

グレープフルーツ、ジュニパー・ベリー、マージョラム、ローズマリー、ラベンダー

◉アロマバスで愛の魔法

ローズ、ジャスミン、イランイラン

◉アロマバスですっきり目覚める魔法

ペパーミント、ユーカリ、レモングラス

◉アロマバスで浄化の魔法

ティーツリー、サイプレス、レモン

聖域をつくるアロマの魔法

魔女はお香を焚くように、アロマオイルの香りを楽しみます。

魔女の部屋には100種類近くの精油が木箱や棚に保管されています。

自分の部屋のなかをいつも聖域にするために、ソイキャンドル（大豆でできたロウソク）を灯《とも》して、溶けたロウにいくつかの精油を1、2滴たらして使っています。

部屋で香りを楽しむためのアロマポットも、聖域を保つために使います。

魔女は、部屋の空間は自分の神聖さの波動をキープするために、クリスタルを置いて、聖域をつくったり、アロマポットにアロマを焚いて聖域をつくって、居心地のよい部屋で過ごすようにしています。

最近は、火を使わない安全なアロマディフューザーがあります。アロマディフューザーのほうが、安心で長持ちしますのでオススメします。

聖域というのは、波動の高い空間のことなので、自分のその日の気分でどんなアロマを使ってあげたら、波動が上がるかを判断して、ディフューザーを使って聖域をつくりましょう。ディフューザーには、お水を入れる容器が備えつけられています。お水を入れてから、その日にどんな聖域をつくりたいかで精油を選びます。

精油を選んだら、お水を入れた容器に3滴入れて、スイッチオン。お水に3滴たらすときには、祈りの言葉を忘れずに!

「神聖なる私の名において、聖域をつくるための最高の香りとなって、共同創造を願います。そうなりました。ありがとうございます」

これで、ディフューザーから出てくる香り豊かな蒸気で、聖域がつくられていきます。

聖域で使う呪文を唱えて、セルフケアをしてあげましょう。

◉愛にあふれる魔法の香り

ローズ、ジャスミン、スイートオレンジ、イランイラン

「私は愛に満ちた存在です。愛を循環しています」

◉情熱をアップの魔法の香り

スイートオレンジ、レモングラス、グレープフルーツ

「私の情熱は無限です。情熱に満ちた私が今ここに存在しています」

◉静寂の魔法の香り

フランキンセンス、カモミール、ラベンダー

「私は平安を選びます。静寂さのなかで私らしく過ごしています」

◉幸せの魔法の香り

ローズ、ゼラニウム、イランイラン

「私は幸せを選択しています。幸せは今ここにあります」

◉豊かさの魔法の香り

スイートオレンジ、フランキンセンス、ローズウッド

「私は豊かな存在です。豊かさは私のなかにあります」

◉霊的進化の魔法の香り

フランキンセンス、ローズ、ロータス

「私は神聖な存在です。霊的進化は一瞬一瞬起きています」

◉落ちこみ解消の魔法の香り

ローズマリー、タイム、スィートオレンジ

「私の本質は愛と喜びです。いま私の本質を発揮しています」

◉イライラ解消の魔法の香り

シダーウッド、クラリーセージ、カモミール

「私の本質は平和です。いま私はその本質を体験しています」

◉怒り解消の魔法の香り

ティーツリー、ペパーミント、ユーカリ

「私は真実を選択します。本質を見極めて、今ここにいます」

◉悲しみ解消の魔法の香り

ローズウッド、カモミール、サンダルウッド

「私は今ここですべてに感謝することを選択します」

いまのあなたに必要なアロマセラピー

魔女はいつでも神聖さを感じるために、アロマセラピーを取り入れています。自分に必要なアロマセラピーを選ぶためには、透視術も使って選ぶと、自分にぴったりな精油が見つかります。

聖域をつくったら、植物の世界をイメージしましょう。

植物の世界には、木々の世界、花の世界、ハーブの世界、フルーツの世界があります。この4つの世界のどこからセラピーを受けたいかを決めてみましょう。

それが決まったら、あなたの気持ちを感じてあげましょう。

どんな気持ちがいちばん強く感じますか？

幸せ、喜び、情熱、平和、安らぎ、イライラ、怒り、罪悪感、悲しみ、寂しさ、嫉妬、無力感などのどんな気持ちが湧き上がるかを答えてみましょう。

そして、ここにあるリストのなかから精油を選んで、スプレーやアロマバスやディフューザーを使って、セルフケアをしてあげましょう。

◉樹木アロマの魔法

ローズウッド……ローズのような香りは、深い悲しみや絶望感を解放してくれて、自分への愛を思い出すサポートをしてくれるでしょう。

サイプレス……森林浴の香りを与えてくれるので、心の乱れを解放して、恐れ、罪悪感、挫折感からも自由になるサポートをしてくれるでしょう。

シダーウッド……甘くて柑橘系の香りが漂《ただよ》うなかで、注意散漫になっている意識を整理して、集中力を取り戻すサポートをもらいましょう。

ミルラ……苦くて甘い根っこの香りは、無気力や怠惰感を解放してくれて、再びグラウンディング（地に足をつけた状態）して、やる気を取り戻すサポートをしてくれます。

フランキンセンス……ほんのりとレモンのような爽快《そうかい》な香りは、精神的な安らぎや静寂を取り戻すサポートをしてくれるでしょう。

パイン……森林のキリッとした香りが、心とからだの疲れを癒やし、リフレッシュすることをサポートしてくれるでしょう。

ティーツリー……さっぱりした香りは、ショックな出来事で怒りが湧き上がって、コントロールできなくなったときに、感情をやわらげるサポートをしてくれるでしょう。

ベチバー……土の香りとほんのりと苦味のある香りは、イライラを解消し、忍耐力をもつサポートをしてくれるでしょう。

サンダルウッド……白檀《びゃくだん》の香りは甘くて気高さを思い出させてくれ、平和な心にしてくれ、瞑想《めいそう》のサポートをしてくれるでしょう。

スパイクナード……土のなかに埋もれている根っこの甘くて強い香りで、グラウンディングをして、心の不安や緊張や恐れを解放するサポートをしてくれるでしょう。

パチュリ……土の匂いがグラウンディングをして、情緒を安定させてくれるサポートをしてくれるでしょう。

ユーカリ……グリーン系のすっきりした香りは、まわりに呪縛された気分を解放して、自由を取り戻すサポートをしてくれるでしょう。

◉フラワーアロマの魔法

ローズ……華やかさと愛を思い出させてくれるローズの優しい香りは、心の傷を癒やして、自分に愛を満たすことをサポートしてくれるでしょう。

ロータス……上品で高貴な香りは、スピリチュアルな世界へと導いてくれます。霊性を高めて、精神的平安と静寂を届けてくれるでしょう。

ゼラニウム……ハーブとローズが混ざったような香りは、心をゆるめて、感情のバランスを整えるサポートをしてくれるでしょう。

ジャスミン……甘くて濃艶《のうえん》でエキゾチックな香りは、女性としての自信を回復してくれるサポートをしてくれるでしょう。

ラベンダー……優しいラベンダーの香りは癒やされます。リラックスして、ホッと一息つくサポートをしてくれるでしょう。

ネロリ……ビターなオレンジのような香りは、日常のストレスをやわらげて、元気な気持ちを取り戻すサポートしてくれるでしょう。

ラバンジン……ラベンダーに似ていますが、より強い香りは、心もからだもリフレッシュして、気分転換するサポートをしてくれるでしょう。

ジュニパー・ベリー……軽やかでウッディーな香りは、リフレッシュして、何かに集中するサポートをしてくれるでしょう。

カモミール……フルーツのような香りで、ストレスを発散して、安らぎをもって睡眠をとるサポートをしてくれるでしょう。

クラリーセージ……甘さと深みのある香りで、精神的な不安、恐れ、緊張感を解放するサポートをしてくれるでしょう。

イランイラン……甘みのある妖艶《ようえん》な香りは、魅力アップに使いましょう。緊張をやわらげてくれる効果も期待されます。

◉ハーブアロマの魔法

レモングラス……草の香ばしい香りとレモンの香りのシンフォニーで、活力をアップして、精神的にポジティブになるサポートをしてくれるでしょう。

コリアンダー……スパイスのきいた甘みのある香りで、心を明るくしてくれて、集中することをサポートしてくれるでしょう。

セージ……シャープで独特な香りは、意識を明晰にして、集中力を高めてくれるサポートをしてくれるでしょう。

ペパーミント……目が覚めるようなすっきりする香りは、イライラした気分を解放するサポートをしてくれるでしょう。

マージョラム……ホッと温かい気持ちにするハーブの香りは、自律神経を整えてくれるので、心のバランスを保つことに力を発揮してくれるでしょう。

タイム……ほんの少し薬品を思わせる香りは、緊張から安らぎへと心が変化するのをサポートしてくれるでしょう。

ジンジャー……ピリッとスパイスがきいた香りは、目を覚まさせてくれて、集中したり、記憶力を高めるサポートをしてくれるでしょう。

シナモン……甘くて刺激的な香りは、心もからだも元気にしてくれて、気力も活力もアップするサポートをしてくれるでしょう。

クローブ……独特な甘みのある濃い香りで、失くした気力を取り戻すサポートをしてくれるでしょう。

バジル……すっきり甘いハーブの香りは、疲れきった心もからだも安らぎへと導いてくれ、頭もすっきりさせて思考の転換をサポートしてくれるでしょう。

フェンネル……甘いハーブの香りで、イライラも不安も解放して、リフレッシュするサポートをしてくれるでしょう。

ローズマリー……サラッとしながらキリッとした香りで、集中力をアップして、気持ちをリセットさせるサポートをしてくれるでしょう。

◉フルーツアロマの魔法

スイートオレンジ……甘いオレンジの香りが元気にしてくれ、気持ちが晴れて、ワクワクすることをサポートしてくれるでしょう。

レモン……さっぱりしたレモンの香りは心身をリフレッシュし、頭もすっきりさせるサポートをしてくれるでしょう。

ベルガモット……甘くてさっぱり爽《さわ》やかな香りは、怒りを解消するサポートをしてくれるでしょう。

グレープフルーツ……爽やかな香りで、気分がすっきり爽快になって、物事に対してポジティブになるサポートをしてくれるでしょう。

マンダリン……パワフルでフルーティな香りは、ストレスを解放して気分を爽快にし、行動に移すサポートをしてくれるでしょう。

ライム……シャープで苦味のある柑橘系の香りは、不安も憂うつな心も解放して、リフレッシュするサポートをしてくれるでしょう。

ハーブと同じように妊娠中の人は、ほとんどのアロマは避けるようにいわれています。けれども、レモン、グレープフルーツ、ベルガモットは、聖域をつくったり、アロマバスにも使って、明るい気分になったり、食欲を安定させたりするサポートをしてくれます。

ハーブやアロマセラピーは奥が深い魔法です。

毎日の生活のなかで馴染《なじ》んでいくことで、自分にあったハーブやアロマセラピーを実践できるようになります。

ハーブやアロマに忍耐強くかかわって、たまには、シダーウッドの香りにサポートをもらいながら、毎日の魔法のハーブとアロマを実践していきましょう。

自然界とは地球にいる限り一生のおつき合いをしていきますから、一つずつゆっくりとのんびりと学んでいきましょう。

Lesson

7

魔女の魔法と月の魔力

魔女がもっともパワフルな魔法をかけるのは、新月と満月の時間です。

月のもつ引き寄せの力は、宇宙と地球の自然界のエネルギーのバランスをとりながら、魔法を叶える力になっています。

月が魔女にとってパワフルな理由があります。

月の背景にある太陽の光です。太陽の光なくしては、月の引き寄せる力は、ありえないのです。

月と太陽には、陰と陽のエネルギーの関係があります。

月が女性で、太陽が男性を象徴しています。

女性と男性の二つのエネルギーが、魔法を叶えるときに大切な鍵となります。

自然界の植物には、雄しべ、雌しべがあって、魔法のように美しい花を咲かせるのと同じように、月のエネルギーである女性のエネルギーと太陽のエネルギーである男性のエネルギーとでバランスよく支え合っています。

月夜には奇跡が起こる?

古代レムリア時代から魔法のエッセンスは、陰と陽のエネルギーが一つになって初めて魔法が形をなしていく、と伝えられていました。月夜には、その両方のエネルギーが調和して、まだ見ぬ可能性を潜在意識から引き出してくれます。

見えなかった可能性が、自然に見えやすくなるのも、月夜の光のおかげです。

月夜とは、見えないものを見る力が働きやすくなり、透視術を開花しやすい時間でもあるのです。潜在意識と顕在意識の間のベールが薄くなり、より鮮明に月夜の光で引き出されていきます。

魔女は新月に集《つど》います。

新月には、もっとも大切な未来のためのビジョンを掲《かか》げて、そのビジョンを実現するための魔法を使います。新月のパワーというものは、完全に陰陽のエネルギーが一つになっていることを表現しています。

このときには、新しい星が生み出されるほどの爆発的なパワーが月から地球に送られてきます。魔女は、このパワーを利用して、ビジョンを叶えるための力を受けとります。見えなかった未来を明確にイメージする魔法が働くのです。

魔女は満月にも集います。

満月になると再び陰陽が一つになって、すべてが満ちた光を地球に放ってくれます。満月のパワーには、すべてが叶って完全であることを教えてくれるエネルギーが満ちています。

このときには、地球が与えてくれている生きとし生けるものへの感謝を送ったり、すでに叶ったビジョンに感謝する魔法を世界に届けます。満月の光のパワーのおかげで、感謝したり、慈しむ心を磨くことができるのです。

魔女にとって、新月と満月は、大切な魔法の儀式の夜となります。

上弦の月
太陽の光
満月
地球
新月
下弦の月

大切な新月と満月の魔法の儀式のために、魔女の時間を最優先しています。何よりも優先することで、月の魔力は魔女の意図したことを叶える手助けをしてくれます。月夜の奇跡は、月と魔女が大切な時間を共有するからこそ実現していきます。

月夜の奇跡を起こすには、魔女が何よりも月とつながるというコミット（決意）が必要です。

コミットがないところには、月のパワーは集まってくることができません。そして、魔女が何に向けて意識を集中させるかで、叶えられていく魔法も変わってくるのです。

月のパワーとつながって、魔法を叶えたいならば、自分の内なる女性性と男性性のエネルギーのバランスをとることを求められています。

月とかかわると、女性性を開くことを通して、男性性のエネルギーとの調和がとれるようになっていきます。

月とのかかわりをスタートすると、いちばん初めに、自分の女性性に意識を向けるようになります。月を通して、自分の内側にある女性性を表す才能や資質が目覚めていきます。潜在意識のなかにある直感、感性、創造性、ひらめき、ビジョン、慈愛、受容力などの女性的な才能が開きはじめます。

自らの女性性が目覚めると、自然に自分の内側にある男性性に意識が向きはじめます。男性性を表す才能や資質は、決断力、行動力、計画性、物事を遂行する能力、信念を貫く力などの能動的な資質や才能です。素晴らしいビジョンやひらめきを受けとって魔法が叶えられるには、このような男性的な資質や才能が求められます。

月のパワーの影には太陽のパワーも備わっているので、男性性のエネルギーも培われます。陰陽二つのパワーである女性性、男性性は、魔法には欠かせないパワーなのです。

月が教えてくれること

太古から魔女の教えのなかでは、月を女神として、太陽を神として仰《あお》いでいました。

月を見て、月の女神様と呼んで、月を水を張ったボウルのなかに映して、静かに水に浮かんだ月を通して、透視術を使うこともありました。

月は、見えないものを見る力を与えてくれるので、自分の潜在意識にある感情や可能性や見たくない闇の自分もただ優しく映し出してくれます。

月のパワーは優しく深く、魔女の心のなかを映し出します。

月の魔法を使えるようになるためには、魔女は自分の見えない部分を明らかにして、浄化したり、才能を開花させたりします。

魔女が月の魔力を使うときには、誓いを立ててから月のもつ魔力を使います。

どんな魔法を使うときにも、忘れてはならない誓いの一つは、愛をもって、月の魔力とつながって、月の魔法を自分やまわりの幸せのために使うことです。

月の満ち欠けによって、月のパワーの使い方は変わってきます。

新月から満月へ、満月から新月へと、月は姿を変えて、魔女に囁いてくれます。

日々の月の姿を仰ぎながら、月の囁きをキャッチするためには、自分の深い感情とつながることを大切にします。

毎晩、月を見上げて、月明かりを自分の瞳に映しながら、心の深いところにある愛や喜びや幸せを感じたり、日によっては、切なさ、悲しみ、怒りや恐れを感じながら、月に向かって、自分の感情と向き合います。

月の魔法は、そのときの月と自分の波長が合ったときに叶えられていきます。そのために、魔女は曇りのない気持ちで月との関係を結びます。

月の満ち欠けには名前がついていて、「ムーンフェイズ」と呼ばれています。新月、満月、上弦の月、下弦の月の4つのフェイズから学びながら、月との関係を深めましょう。

魔女は新月になったら、新しいことを始めるために、自分の心のなかを浄化して、リフレッシュし、その気分を充分味わいます。

リフレッシュした新鮮な心意気で、新月から満月にかけて、叶えていく魔法を使います。夢やビジョンを現実化する魔法の時間を新月につくります。太陽は新月の後ろに隠れて、新月の瞬間は真っ暗闇のなかに月が存在しています。

月明かりが、新月には、一瞬消え去ります。そして、刻々と薄く月明かりが蘇ってきて、姿を現しますが、この瞬間ほど、魔法の力が引き出されることはありません。

ゼロから何かをスタートするという開拓のエネルギーが備わっていて、無から有を生み出す力を魔女に与えてくれますが、新月のパワーは実現力が半端ではありません。

魔女は新月に決め事をする習慣をもっています。毎月、新月には新しい自分を引き出すことや、その日に湧き上がった新しいビジョンを実行に移します。

魔女は、新月の時間が来る8時間前から浄化の魔法をスタートさせます。

自分のなかの気づかなかった深い心の傷を癒やしたり、引きずりつづけてきた感情を癒やして、新たな心で新月を迎える準備をします。

新月を迎える瞬間からは、意識をピタッとクリアにして、新月の具現化の魔法へと気持ちを移して、新たな決断をして、新月の時間に魔法を叶える誓いを立てるのです。

魔法を使うときには、魔法の力を弱めてしまう魔の時間を避けるようにしています。

魔の時間は「ボイドタイム」と呼ばれています。ボイドタイムの時間は、ウエブサイト「ボイドタイム.com」などで調べることができます。新月と満月のボイドタイムは、魔法が叶わない時間になるので、この時間を避けて、魔法に取り組みます。

◉新月の浄化の魔法（新月の8時間前に行う）

STEP1「新月の女神に浄化の祈りを捧げる」

「新月の女神よ、神聖な私の名において、今日の新月に向かうパワーで、私が願いを叶えることに抵抗している○○（恐れ、罪悪感、不信感など）を解放し、楽しくスイスイと願いを叶えるために、手助けをしてください」

STEP2「アロマバスの魔法を使って、浄化する」

新月に向かうパワーとアロマバスの魔法を使って、浄化をする。

過去に傷ついたことで、一歩踏み出せなくなっていることに気づいたら、白いカーネーションの花びらをアロマバスに注いで、過去の傷も癒やしてもらいましょう。30分〜40分のアロマバスの魔法で、すっきりとクリアになっていきます。

STEP3「感謝とともに終了する」

（1）白いギザギザの花びらのカーネーションに過去の傷を明け渡して、浄化されたことに感謝する。

（2）新月の女神に新月の月に向かうパワーで、浄化を手助けしてくれたことに感謝する。

（3）アロマバスの魔法で浄化も同じように精油の精霊たちに感謝する。

浄化した精神・思考・感情・肉体はリセットされます。

新月のエネルギーに満たされて新しいスタートが始まります。

心から正直に叶えたい願いを新月の時間になったら、新月の願いを叶える魔法を実践していきましょう。

◉新月の現実化の魔法

STEP1「新月の女神に祈りを捧げる」

「新月の女神よ、神聖な私の名において、今日の新月のパワーをもって、私は○○を実現することを決断しました。新月のパワーを私のもとに注いで、○○を叶える手助けをしてください」

STEP2「新月から8時間以内に願い事を書く」

（1）白い紙にゴールドのペンを使って、自分が実現すると願ったことを書く。書くときには、以下の文を参考にする。
「神聖なる私の名において、（姓名）は、○○を実現します。そうなりました。ありがとうございます」
（2）日付けを記入する。
（3）新月の女神に伝えるために、声に出して読む。

STEP3「新月のエネルギーを自分にも紙にも注ぐ」

（1）新月のエネルギーを自分の全身に注ぎながら、決めた内容を書いた紙を新月の方向に向かってかざす。

（2）新月の具現化の月のパワーを注ぐ。
（3）新月のパワーを注ぎながら、願いが叶ったときの幸せな波動を味わう。

STEP4「願ったことを書いた紙を保管する」

（1）願いを書いた紙は、天然の素材のコットンや麻やシルクの袋に入れて持ち歩く。
（2）または、家のなかのサイドテーブルや棚に、お気に入りのクリスタルと一緒に置く。

STEP5「満月になったら、紙を燃やす」

（1）満月の8時間以内には、決め事を書いた紙は燃やす。
（2）燃やした灰は土に返すか、水に流す。
（3）すでに願いが叶っているかもしれませんが、叶っていなくても、ベストなタイミングで叶うことを信頼する。
（4）すべての月（新月、上弦の月、満月、下弦の月）の女神と大地に感謝する。

新月の願いを叶える魔法は、とてもパワフルです。現実化する確率が高いのですが、願い事によっては、思ったようなこと以外のことが叶う場合もあります。

その理由は、願ったことが自分の最善ではなく、それ以上の最善が起きたということです。

もう一つの理由は、自分のことではなく、誰かが関与している場合は、相手の自由意志に沿ったことではないから叶わないのです。

まず、新月の願いを叶える魔法を実践するのは、自分にフォーカスしたことからスタートしましょう。たとえば、自分の開きたい才能に集中したり、変えたい習慣などについて、この魔法を使ってみましょう。


魔女は、新月から半月になる上弦の月の日には、新月に決めた魔法を叶えることについて、何が真実であるかを見極める魔法の時間をつくります。

新月の魔法が着実に進んでいると、気持ちもやる気もポジティブな状態になります。

同時に、思いもよらない出来事で心を悩まされてしまい、新月の魔法がうまく働いていないかと疑ってしまうかもしれません。

不安や不満が湧き上がってきて、せっかくの魔法をやめたくなることも出てきます。焦りを感じてしまって、無理な行動をとってしまい、自信をなくしてしまうかもしれません。

魔女は上弦の月明かりのなかで、本当にフォーカスすることや、そうでないことを明らかにしていく魔法を使って、困難な状況を乗り越えていきます。

上弦の月の魔法を使って、本来の方向性とやりつづけることを明確にすることで、継続する力を受けとります。

魔女は潔《いさぎよ》く迷いを切り捨て、必要のない行動をやめて、自分の意志を確認するために上弦の月の魔法を使います。

上弦の月の女神との対話を通して、このタイミングで自分に必要な信念や行動に移すことを明らかにしていきます。

◉上弦の月の魔法

STEP1「上弦の月の女神に祈りを捧げる」

「上弦の月の女神よ、神聖な私の名において、上弦の月のパワーをもって、私は○○（あなたの願い）を実現するために○○（あなたがとってきた行動）という行動を起こしてきました。私にとって、この時点で必要な信念や行動を明確にする手助けをしてください」

STEP 2「上弦の月の女神からの質問を通して対話する」

以下の質問に答えてみる。質問の答えは紙に書く。

（1）願いを叶えるために充分情熱を注いだか？
（2）情熱を注いで、どのような変化があったか？
（3）その願いを叶えるために、まわりに伝えて、サポートを受けとったか？
（4）サポートを受けとったなら、どんなサポートを受けとることができたか？
（5）そのサポートによって気づいたことは何か？
（6）サポートをした相手に感謝したか？
（7）願いが叶う兆しを読みとれたか？
（8）どんな兆しに気づいたか？

（9）願いを叶えるために大切にしている信念は何か？
（10）願いを叶えるために手放したい感情や信念は何か？
（11）願いが叶ったときに、いちばん感謝したいのは誰か？

STEP3「上弦の月の女神のパワーを受けとって、誓いを立てて、感謝で終わる」

この時点で、願いを叶えるためにあなたが大切にしたい信念を明確にして、上弦の月の女神に願いを叶えるために信念と行動をとりつづける誓いを立てる。

「上弦の月の女神よ、いま私は願いを叶えるために、○○（もちつづける信念）という信念をもって、○○（行動に移す内容）を実行します。上弦の月のパワーの力を受けとって、行動に移します。そうなりました。ありがとうございます」

上弦の月のパワーを全身に注ぎながら、全身に誓いを立てた言葉の響きも注いでいく。伝えた言葉は波動そのものです。その波動を月のパワーと一緒に注ぎながら、ワクワク軽やかに行動に移しているイメージをしてみましょう。

上弦の月の女神とかかわって、魔女は満月に向かいます。揺るぎない信念と行動を持続して、魔法を叶えるために活動を続けていきましょう。

◉満月の魔法

魔女は満月の月明かりで祝福を受けとります。新月から続けてきた魔法が叶えられたことへの感謝と喜びを表現する魔法です。

この魔法は、より魔女の波動を高めてくれます。新月から決断したことが実現したことを満月に感謝して、自分にもまわりにも感謝するための祝福の魔法なのです。

また、同じ満月の月明かりは、努力や成し遂げようとしたことが実らないときには、大きく感情が揺さぶられることが起こります。

でも、実らないことが失敗だと思ったり、もう叶わないとあきらめる必要はありません。実らないのではなく、そのタイミングがズレていたり、違ったかたちで実現していくこともあるからです。

しかし、ネガティブな感情を押し殺したままにすることは、魔女の波動を落としてしまいます。ネガティブな感情を無視することなく、満月の女神のパワーを借りて、変容していきましょう。本来のポジティブな感情が味わえるようになるために、満月の感情の解放の魔法と満月の感謝の魔法を活用してみましょう。

◉満月の感情解放の魔法

STEP1「満月の女神に感情を解放する祈りを捧げる」

「満月の女神よ、神聖な私の名において、今日の満月のパワーで、私が顕在意識と潜在意識の両方で溜めこんできた重い感情を解放する手助けをしてください。そして、私のなかにある軽やかで豊かな感情にフォーカスする手助けをしてください」

STEP2「クリスタルの魔法で、顕在意識と潜在意識に溜めこんできた感情を解放する」

満月のパワフルな光とセレナイトの光で、オーラにもチャクラにも全身にも光を注いで、セレナイトムーンライトシャワーで湧き上がってくるイライラ、怒り、嫉妬、無力感などを、深い呼吸で光を吸いこんでは吐き出しながら、解放してあげましょう。

あなたを重くしてきた感情がセレナイトムーンライトシャワーで解放されていくと、心もからだも軽くなって、リラックスしてきます。すっきりしたと感じたら次のステップへ移りましょう。

STEP3 「満月の女神に月のパワーで満たしてもらい終了する」

「満月の女神よ、神聖な私の名において、いま私は軽やかになって、幸せを受けとる準備が整いました。満月のパワーを受けとって、幸せにフォーカスして日々を送る手助けをしてください。ありがとうございます。そうなりました」

満月のエネルギーで満たされていくなか、幸せを一瞬一瞬、選択していくことを満月の女神に誓う。

「満月の女神よ、神聖な私の名において、この瞬間から、幸せを選択しつづけて日々を送ります。愛と感謝とともにそうします。(そして月日、姓名を伝える)」

◉満月の感謝の魔法

STEP1「満月の女神に月のパワーをお水に注入して、ムーンローズ・ウォーター（満月水）をつくる」

ムーンローズウォーター（満月水）のつくり方

（1）ガラス、またはクリスタルでできたボウルに天然水500mlを入れる

（2）幸せを呼びこむローズの花びら1輪分を浮かべる

（3）満月の光とローズの幸せを呼びこんで、ムーンローズウォーターをつくる

心の底から、満月の女神とローズの精霊たちに感謝とともに祈りながら、ムーンローズ・ウォーターをつくりましょう。

「満月の女神よ、ローズの精霊たちよ、神聖な私の名において、満月とともに私は愛に満ちた存在となりました。そうなりました。ありがとうございます」

満月の光とローズの花びらが水に転写されるために一晩おく（部屋の外に置かなくても、満月の光は届くので、窓辺などに置いておく）。

STEP 2 「翌朝目覚めたら、ムーンローズウォーターをいただき、感謝とともに終了する」

ガラスのコップにムーンローズウォーターを入れて飲む。一口飲むたびに感謝する。

たとえば、

- 新月から満月までに訪れた喜びや幸せ体験に感謝すること
- あなたをサポートしてくれている人たちに感謝すること
- 家族やパートナーに感謝すること
- 友人に感謝すること

そして、あなた自身に感謝することも忘れずに。

STEP 3 「残ったムーンローズウォーターは冷蔵庫に入れて、なくなるまで、毎朝、感謝の想いとともにいただくようにする」

満月の魔法は、あなたをより豊かな存在として、再び、新月へと向かう準備をしてくれます。溜めこんできた感情には終止符を打ち、新たなステージをスタートさせていくために、いまあることにたくさんの幸せを見つけて、自分やまわりに感謝を送ることが大切な満月の過ごし方です。

月の魔法で本来の自分ではないものを手放す

魔女は満月の祝福を受けとって、光に満ちた月が日ごとに欠けていくなかで、自分の今ここにある状況を振り返りながら、どのように自分が活かされているか？　を内省します。

どんなことが叶えられて、何に貢献したか？

受けとったスピリチュアルなレッスンを腑に落とします。

そして、本来の自分ではないものを次々に手放して、身軽になっていくために、このタイミングで何をするかを明確にしていきます。

この時期には、複雑なことはしないで、むしろシンプルに物事を捉えたり、進めていくことを選ぶようにします。

心のなかに不安や恐れなどを抱えていることがあれば、その部分にも意識を向けて、重くなっていた気持ちを軽くするために魔法を使います。

魔法を使うと、この時期は、どんどんと心もからだも軽くなるので、魔女の部屋の空間にも古くなったと感じるものをリサイクルに出したり、必要な人に譲って手放していきます。

物質の断捨離だけでなく、本来の自分を表現することを阻んできた概念や価値観を超越していくことに意識を向けていきます。

下弦の月の魔法を使って、本当の自分に再誕生するために働きかけましょう。

◉下弦の月の魔法

STEP1 「下弦の月の女神に祈りを捧げる」

「下弦の月の女神よ、神聖な私の名において、下弦の月のパワーをもって、自分の今月の人間関係や果たしてきたことを振り返り、本来の私がかかわることを明らかにする手助けをしてください」

STEP2 「下弦の月の女神からの質問に答える」

以下の質問に答えてみる。質問の答えは紙に書く。

（1）この21日間、私は何を成したか？
（2）誰に、どんな貢献をしたか？
（3）私は充分に才能を発揮してきたか？
（4）この時点で、何を変えることで私らしくいられるか？
（5）いま開いていく才能は何か？
（6）リセットする関係はあるか？
（7）すぐにやめたら、最善が見出せることは何か？
（8）完結していないことをどのように完結するか？
（9）新しいスタートのために、いますぐできることは何か？

STEP 3 「下弦の月の女神のパワーを受けとって、誓いを立てて、感謝で終わる」

この時点で、何を明確にして、リセットしたらよいことは何かなどがわかったら、下弦の月の女神に誓いを立てます。

「下弦の月の女神よ、神聖な私の名において、私は再誕生を遂げて、新しい○○（気持ち、価値観、信念、行動基準など）を新月に向かって習慣にしていきます。そうなりました。ありがとうございます」

下弦の月のパワーを全身に注ぎながら、全身に誓いを立てた言葉の響きも注いでいく。新しく新月に向かって、リフレッシュしたイメージなどを思い浮かべて、誓った言葉を充分噛みしめて、日常を送っている感覚を味わいましょう。

同じ半月でも上弦の月と下弦の月のパワーは違います。それぞれの月のサイクルでそれぞれの月の魔法を実践しながら、月のもつ魔力がどんなものであるかを体験していきましょう。

月のサイクルに沿って、魔女は日常を送ることを選んでいます。

それは、月の存在は、魔女のもつ神聖な魅力を思い出させてくれるからなのです。

月の女神たちは、自然のリズムに沿って、私たちに自分という神聖な魔法を開いてくれます。

月の力を味方につけるには？

魔女は、自分と月を同じ存在として月とかかわっています。

毎日、月の形や光の加減を見ながら、自分の心に、

「今日の私はどんな気分？　幸せ気分？　ワクワク気分？　平和な気分？」

などと問いかけて感情を感じています。

鏡のかわりに月を見て、月を通して、自分のなかに封じこめた気持ちや想いを引き出していきます。月の力は、自分自身と深くつながればつながるほど、繊細な働きに気づけるようになっていきます。

魔女は、繊細な自分の気持ちや想いを月と深くかかわって、感じていくようにしています。そうするために、自分の心のなかにある静かで、波も立っていない湖を思い浮かべます。そして、その日、その時間に夜空に浮かんでいる月の形と光を、その湖に映し出してみます。

その湖に自分の気持ちを集中して、しばらくゆっくりと深い呼吸をしてみます。

湖に浮かべた月の色や形を感じてみたら、どんな想いが浮かび上がってくるかを観察してみます。次々に浮かんできたら、とめることなく、自然にその想いや気持ちを感じることだけに集中してみます。

こんどは、湖に浮かんでいる月のほうから何か反応があるとしたら、どんなものかをイメージします。もし、すべての想いや気持ちを月が受けとめてくれ、月が何らかの知恵やメッセージを送ってくれているとしたら、それは何かを感じてみましょう。

魔女は人とかかわるときと同じように、月とかかわることを習慣にしています。習慣になっていると、毎日、月と会話をすることはやめられなくなるのです。最初はまるで独り言のような気がするかもしれません。しかし、月の形や色は、見る時間や見るときの状態によって、まったく違ってくるのです。その時々の月との対話を楽しんで、自分自身の素直な心とつながっていくことで、月との絆《きずな》が深まっていきます。

魔女は中秋の名月のときだけに、月夜を楽しむのではありません。月夜は毎晩、楽しめるのです。なかでも三日月の夜を楽しむことを忘れません。三日月を見上げては、月明かりに浸って、安らぎの時間を自分に与えます。魔女は三日月の光に乗って、三日月の魔法を使います。

三日月の魔法は、まわりの疲れて無気力や絶望感に苛まれている人に、優しい光を与えます。

その優しい光にこめる言葉は、

「大丈夫」

「うまくいくよ！」

「きっと、幸せになれるから」
など、そのときにまわりにいる人に声をかけるかのように、三日月の光を通して、届けます。

魔女は自分も安らいで、まわりにも安らぎを与える時間を三日月の日にもちます。自分に安らぎが不足していると感じるときは、まずは、自分に三日月の魔法をかけて、心の安らぎを与えます。

月を味方にするために、毎日、月と約束の時間をもつことを決めましょう。月と対話することを習慣にしていくことで、月との共鳴が始まります。そして、月は自分の心を映し出すという大切な役割を果たす親友になってくれます。

自分の心とつながっていくと、月の力とも自然につながっていきます。魔女は自分のライフスタイルのなかに、大切な月の魔法の時間をつくって、豊かな夜のひとときを過ごしています。

Epilogue 魔女として生きる覚悟

最後までお読みいただき、ありがとうございました。

いかがでしたでしょうか。

「自分が魔女だということに気づきました」

という方は少なくないと思います。

あるいは、あらためて、

「魔女として生きていこう」

そんな覚悟をもっていただいた方もいらっしゃるかもしれません。

この本を書き進めていくなかで、私自身が、それを強く感じました。

魔女の世界は、「私らしく生きていくこと」が何よりも優先されます。

その奥深さを感じとりながら、できるだけシンプルに、いまの暮らしのなかで活かせる魔法について書かせていただきました。

このエピローグは、魔女入門の最後の章であり、それは、あなたが魔女として生きるスタートです。

神聖な自分で生きていくということ

魔女の世界を生きる意味について、少し考えてみませんか？

魔女が魔法を使うには、強い意志が求められます。

魔法を使う理由をたった一つに絞りこむならば、すべての存在が神聖であることを体験するためです。

すなわち、神聖である自分に出会い、その神聖さを、この世で実現しつづけていくことなのです。

神聖さをこの世界で実現していくなかで、たくさんの奇跡が起こっていることを目撃できるでしょう。

神聖な自分を体験することは、宇宙の法則や自然界の恩恵や、ご縁のある人々との出会いのなかで、自分自身が予想もつかない人生が展開していくのです。

そして、魔女に与えられたこの世での可能性に対して、一瞬一瞬、素直になって、自分を開きつづけることを決める覚悟があるかどうかで、魔女の人生は大きく変わってきます。

魔女は神聖な自分に与えられた人生への信頼をもって、日常を送っていきます。

人生にあるアップダウンに対しても、魔女として、神聖な自分を活かすために、どんな体験をも魔法が実現していると見ています。

たとえそれが、人生で最悪な場面であったとしても、その魔法は、自分やまわりを傷つけることではなく、本来の神聖な自分を思い出すために起きている、目覚めのチャンスとして受けとめることができるようになります。

その出来事を振り返り、そこにある本質や知恵を糧にして、さらにある可能性へと自分やまわりを導くチャンスを見極めていきます。

魔女の究極の目的は、一人ひとりが神聖な存在であることを体験することですから、どんな出来事も意味のないものはなく、本質がどこにあるかを見出していきます。

この時代に、魔女が自らの神聖さを生きることは、未知なる自分を開き、愛の惑星である地球の鼓動と自分の鼓動を一つにして、自然界のなかの自分を感じながら、自然界のもつパワーに畏敬の念をもって、日々の感動や感激や感謝を大切にして過ごすことです。

神聖な自分は遠くにいるのではなく、日常のなかにいることを体験して、いまの自分を祝福することを選ぶことなのです。

愛に満ちた人生を送る

魔女たちにとっての合言葉は、「今ここに愛があるか?」です。

日々の営《いとな》みのなかで、自分が愛で満たされるために、ここで記された魔法を活用しながら、自己愛を深めて、自分と仲良くなることです。

自分との絆を深めることを怠ることなく、セルフケアが行き届いているからこそ、自分がいま何を求め、何ができるかに気づける余裕が湧いてきます。

自分を素直に差し出して、自由に自分の才能をまわりに惜しみなく与えることが、どんな気持ちでできるか？　罪悪感からか？　自己犠牲からか？　役に立ち、価値を上げるためか？　それとも、純粋に愛があるからか？　について、魔女は自問自答します。

そのために、セルフチェックやリアリティチェックをしています。

セルフチェックというのは、自分がどんな思いや気持ちで行動を起こしているかを観察して、確認することです。

リアリティチェックというのは、魔女が幻想にはまってしまい、恐怖や不信感や罪悪感や自己犠牲を感じたときに、現実をありのままに見て、確認します。

そして、どちらのチェックの場合も、魔女は自分のいちばん神聖で愛に満ちた自分に立ち返り、決断をくだしていきます。

魔女の休息の時間は、愛ある生活を送るためには必須です。

心もからだも休める時間を、たっぷり自分に与えることで、自分に愛をチャージしてあげることをしています。

魔女の休息の時間には、アロマバスとハーブティーは必需品です。

時には、海や山や植物園などの自然界のなかで過ごす時間をとるようにして、からだが喜ぶオーガニックの野菜やフルーツを食べてあげることで、休息を楽しみます。

季節ごとに心に響く場所に旅をして、休息しながら、エネルギーチャージをすることも、愛ある暮らし方の一つです。

魔女の毎日にはハッピーな時間があります。

それは毎日のなかに、愛あるアクションを見つけることなのです。

たとえば、優しい言葉や感謝の言葉や褒《ほ》め言葉に気づいたら、愛の循環を自然に行っていきます。

愛の循環は、愛あるアクションを実践するチャンスをつかむことです。

誰かに心から素直な気持ちを伝えることであったり、自分が気づいたことを分かち合ったり、自分の才能を使って貢献することで、愛の循環が続きます。

魔女のなかには、母性の愛と父性の愛が存在しています。

誰かが心の癒やしを必要であると感じていたら、母性の愛を注ぎます。

母性の愛は、許す愛や受容する愛や無条件の愛を表現することなのです。

父性の愛は誰かが道を外しそうになっているときに、厳しい愛、決断する愛、行動する愛を表現することなのです。

魔女の人生はいつでも選択できる

魔女的生き方をしていたら、幸せな人生の流れを自由に感じることがほとんどです。

そんな日々のなかでも、突然、魔女的生き方を揺るがすような出来事も起こります。

それは、魔女であることに対する恐れの波が、自分の心に現れるときです。恐れにパワーを与えたら、魔女的生き方をすることをいったんやめたいという思いが強まるかもしれません。

そして万が一、魔女をやめたくなったら、いつでもやめて構いません。

自分にとって腑に落ちないことで、魔法を使いつづけるほど不幸なことはありません。しばらくは、魔法を使うことをやめてもいいのです。

誰もあなたを追いかけて、魔女を裏切ったなどという人はいないのです。

自分の心にしたがっていれば、それでいいのです。

神聖な自分にいったん出会ったら、その自分から外れていくことはありません。

魔女をやめたくなるきっかけが、どんな理由であったとしても、あなたのなかに芽生えた神聖さはなくなることはないのです。そして、自然界のパワーや宇宙の法則からも切り離されることはないので安心してください。

この本にある魔法を使わなくなったからといって、魔女をやめてしまうということでもありません。

それ以上に魔女的生き方というのは、よりあなたらしく輝いて生きることです。

自分にとって「これだ！」と思えることが見つかったら、それがあなたにとっての幸せな人生の送り方なのです。

大切なことは魔女をやりつづけようが、やめてしまおうが、自分の神聖さを信じて、自分の命が活かされて、ハッピーで満たされている毎日を送りつづけることなのです。

人生の魔法は、あなたが幸せだと決めたときに、自然に本当の自分らしい人生を生きているあなたに出会えることが約束されています。

穴口恵子

恋愛成就……169
れんこん……77

【ろ】

ロウソク……178
老廃物……162
ローズ……177, 180, 182, 184, 186, 214
ローズウッド……181, 183, 184
ローズクォーツ……58
ローズヒップ……87, 170
ローズヒップティー……87
ローズマリー……85, 86, 182
ロータス……182, 186
六芒星……61, 149

【わ】

若返り……79, 86, 172
湧き水……131
惑星……31, 81, 82, 142, 227
ワクワク……1, 10, 46, 47, 190, 210, 220
わさび……77
私らしく生きていくこと……224
罠……98
わらび……76
ワンネス……34

優しい香り……88, 186
優しい気持ち……86
優しい言葉……229
優しい光……222
安らぎの時間……222
山……114, 229
闇……32, 33, 200
やる気……87, 89, 147, 185, 207

【ゆ】

憂うつ……110, 158, 190
優越感……120, 121
有害物を排出……169
ユーカリ……178, 182, 186
勇気……64, 89, 148
友人……102, 215
柚子……76
豊かさの魔法……182
豊かさを引き寄せる魔法……64
指輪……151, 153
夢……6, 7, 41, 148
夢を叶える……142, 148
ユリ根……77
許す愛……230

【よ】

妖艶な香り……187
ヨーロッパ……33, 90
夜空……44, 221
予防……90, 167
よもぎ……164, 165
夜……196, 223
喜び……67, 100, 119, 182, 184, 201, 211, 215

【ら】

ライフスタイル……145, 223
ライム……190
羅針盤……170
らっきょう……76
ラバンジン……187
ラベンダー……86, 174, 175, 177, 180, 187
ラベンダーティー……86

【り】

リアリティチェック……228
リコピン……78
リサイクル……217
リスク……98
リセット……189, 204, 218, 219
利尿作用……88
リフレッシュする……185, 189, 190
両足……151
料理……166, 168
旅行……65
リラックス……86, 119, 176, 177, 187, 213
リング……146, 148, 149, 150, 154
りんご……36, 76
リンゴ酸……88

【る】

ルチルクォーツ……147
ルビー色……77

【れ】

霊感……168
霊性……186
霊的進化……182
レタス……77
劣等感……120, 121
レムリア時代……29, 31, 32, 42, 125, 195
レモン……75, 90, 178, 185, 188, 190, 191
レモングラス……178, 180, 188
レモン水……75
恋愛……129
恋愛運……148

みかん……77
右肩……109, 143
右手……60, 62, 66, 132, 150, 151, 153
眉間……114, 115, 139, 140
巫女……44
水……68, 75, 81, 82, 103, 135, 151, 179, 200, 206, 214
湖……115
ミステリアス……47
水菜……77
水の精霊……81, 84, 104
水のパワー……82
水を使う……115
未知なる可能性……150
未知なる自分……227
緑色……126
緑色のマーブル……152
緑のミルク……165
ミネラル……164, 165, 169
みょうが……76
未来……196
未来のためのビジョン……195
魅力……79, 125, 151, 220
魅力アップ……77, 187
魅力をアップする……151
ミルラ……168, 185
民間療法……165

【む】

ムーンフェイズ……201
ムーンローズウォーター……214, 215
無価値感……121
無から有を生み出す力……202
無気力……87, 185, 222
むくみ……78, 89, 165
無限の可能性の聖域……141
無条件……108, 109, 155
無条件の愛……155, 230
無水エタノール……174, 175
無判断……108, 109, 110
紫色……152
無力感……87, 184, 212
無力な自分……110
群れになっている水晶……131

【め】

明確な意志……153
瞑想……185
女神……199, 208
芽キャベツ……77
恵み……103, 125, 134
目覚めのチャンス……226
雌しべ……194
メタセルフ……108, 109
メディスン・ウーマン……44
目に見えない世界……47
メラニン色素……79
メロン……76
免疫力……73, 74, 75, 154, 160, 165, 167
免疫力アップの魔法……89

【も】

毛細血管……168
物語……13, 35, 38, 40, 41
物事を遂行する能力……199
森……36, 38, 39, 114, 115
モリンガ……162, 165
モルガナイト……155
モルダバイト……150
問題解決……120

【や】

薬草……44, 46, 166
約束の時間……223
薬用……159
厄除け……145
役割を果たす……223
野菜……75, 76, 229

本来の自分……48, 216, 217

【ま】

マージョラム……166, 177, 188
マインド……158
マコモダケ……77
マザーオブパール……151
魔女が嫌う食べ物……72
魔女狩り……33, 45
魔女的生き方……2, 230, 231, 232
魔女として生きる……96, 224, 225
魔女としての人生……1, 48
魔女についての概念……35
魔女入門……11, 17, 225
魔女の家系……42
魔女の家族……134
魔女の才能……29
魔女の時間……198
魔女の集団……33
魔女の信条……101
魔女の世界観……39
魔女の醍醐味……70
魔女の波動……211
魔女の部屋……178, 217
魔女の役割……29, 34, 44
松茸……76
魔の時間……202
魔法が叶わない時間……202
魔法使い……3, 35, 38, 39, 40, 41
魔法のアロマオイル……158
魔法のアロマセラピー……158
魔法の香り……180, 182, 183
魔法の儀式……196, 198
魔法の基礎……147
魔法の言葉……68, 69, 70
魔法の時間……91, 201, 207, 223
魔法のスプレー……175
魔法の力……202
魔法の力の根源……124
魔法のチャーム……58
魔法の杖……50, 124, 134, 135, 136, 138, 141, 142, 143, 145
魔法の道具……124
魔法の透視術……114, 115, 116, 117
魔法のほうき……116
魔法の本質……14, 40
魔法を叶える……16, 194, 202, 207, 211
魔法を信じる……12, 50
魔法を使う……3, 5, 10, 12, 13, 40, 42, 76, 78, 128, 136, 170, 202, 217, 225, 231
継母……35, 36
迷い……208
魔除け……90, 159, 162
魔除けの石……155
マラカイト……152
魔力……75, 200, 219
マルチタスク……43
マローブルー……90
マローブルーティー……92
まわりを幸せにする術……67
満月……75, 194, 196, 200, 202, 206, 211, 212, 213, 214, 215, 216
満月の魔法……198, 211, 215
満月の女神……212, 213, 214
マンゴー……76
マンダリン……190

【み】

ミイラづくり……168
見えない世界……7
見えないもの……12, 30, 95, 111, 120, 122
見えないものを見る力……95, 96, 120, 195, 200
三日月……222, 223
三日月の光……222, 223
三日月の魔法……222, 223

不安……88, 118, 150, 185, 187, 189, 190, 208
フィジカ……161
封じこめた気持ち……220
フェアリー・ゴッドマザー……35
フェイズ……201
フェンネル……162, 189
フォーカス……207, 208, 212, 213
深い呼吸……105, 212, 221
ふき……76
ふきのとう……77
腹痛……72
不幸……7
不思議な力……47
不信……33, 105, 150
婦人科系の不調の改善……164
不信感……203, 228
父性の愛……230
ぶどう……76
舞踏会……4, 35
腑に落ちないこと……231
不満……105, 208
冬……77, 90
不要なエネルギー……4, 140, 141
フラボノイド……167
フラワーアロマ……186
フランキンセンス……174, 175, 177, 180, 181, 182, 185
ブルー……90
フルーツ……75, 76, 79, 187, 229
フルーツアロマの魔法……190
フルーツの世界……183
ブレスレット……127, 147, 148, 150, 151, 152 153, 155
フレッシュハーブ……80
風呂……168, 176
不老不死……79
ブロッコリー……77
文化……99

【へ】

平安……180, 186
平和……182, 184, 185, 220
ヘーゼル……135
βカロテン……166
ペーパーナイフ……52
壁画……115
ベチバー……185
ベッド……133
ペパーミント……87, 170, 178, 182, 188
ペパーミントティー……87
蛇……167
ベビーコーン……76
ヘマタイト……155
ベルガモット……190
ベルベット……145
ペンダントトップ……148, 149, 150, 151, 153, 154 , 156
便秘……161, 163
便秘解消……87

【ほ】

ボイドタイム……202
ほうき……50, 116
芳香剤……159
防腐作用……166
ほうれん草……77, 164
星……44, 45, 47, 196
ポジティブな感情……212
ポジティブになる……188, 190
星の運行……31
母性の愛……230
ホットジンジャー……163
褒め言葉……229
ポリフェノール……78, 79
ホワイトセージ……171
本質……6, 7, 33, 57, 94, 122, 125, 127, 182, 226, 227

ハッピーな時間……229
波動……121, 126, 127, 130, 132, 146, 150, 155, 160, 161, 179, 206, 210
花の世界……183
花びら……203, 204, 214
華やかさ……186
母なるガイア……124, 125
パプリカ……76
バラ……79, 159
バラ科の植物……79
ハリー……40
ハリー・ポッター……1, 40
針水晶……147
春……76
パワーストーン……126
パワフルな聖域……132
パワフルな光……212
半月……207, 219
万能のクリスタル……151

【ひ】

火……45, 46, 77, 135, 171, 179
美……38, 39, 72, 127, 166, 172
ピアス……146
ビーカー……173, 175
光のシャワー……119
光の精霊……81, 82
光の玉……103, 104, 114, 116, 117
引き寄せ……58, 60, 61, 65, 66, 121, 122, 127, 135, 145, 147, 149, 155, 194
ビジュアル……111
ビジョン……90, 127, 195, 196, 201, 202
ビタミン……72
ビタミンC……87, 88
ビタミン類……165, 169
左肩……109, 143
左手……130, 147, 148, 149, 150, 152, 153, 154, 155, 156, 157
必需品……128, 152, 229
必須アミノ酸……165
必要な信念……208, 209
必要なタイミング……119
必要のない行動……208
尾てい骨……105, 139, 140
人差し指……148, 154
人の感情……141
独り言……222
人を癒やす力……127
美のパワー……127
美の魔法……159
美白効果…… 79
美肌クリーム……159
美肌効果……78, 88, 164
美肌の魔法……87
皮膚……168
ヒペリシン……163
ヒペルフォリン……163
美貌……73
媚薬……79, 159, 169
白檀……185
美容……169
表現力の魔法……90
開きたい才能……207
ひらめき……199
ヒルデガルト・フォン・ビンゲン……161
疲労回復……88, 165, 176
びわ……76
ピンク……58, 59, 60, 90, 149, 155
ピンクゴールド……62, 64, 113, 114
ピンクトルマリン……148, 149
ピンク紫……59, 60, 113, 114
貧血改善……164
ビンゲン……161

【ふ】

ファスティング……72
ファラオ……127

人間関係……5, 41, 54, 57, 149, 217
人間の決断……39
人間の知恵……43
人間の問題……41
にんじん……77
妊娠中……163, 165, 166, 168, 169
忍耐力をもつ……185
ニンニク……72, 73

【ね】

ネイティブ·アメリカン……167, 171
願い……1, 45, 84, 134, 143, 203, 206, 209, 214
願い事……205, 207
願いを叶える……3, 6, 7, 128, 135, 142, 203, 207, 209, 210
ネガティブ……31, 39, 155
ネガティブなエネルギー……155, 171
ネガティブな感情……211, 212
ネガティブなものから守る……156
ネギ……77
ネックレス……127, 151
眠りの魔法……88
眠れる森の美女……5, 38, 39
寝る前……133
ネロリ……187
年齢不詳……72, 78

【の】

脳……168
能動的な資質……199
野沢菜……77
喉の不具合……90
呪い……5, 38

【は】

ハート……9, 58, 59, 133, 148, 149, 153, 156
ハートチャクラ……139, 140
パートナー……62, 64, 103, 129, 215
パートナーシップ……61, 62, 64
パートナーシップの周波数……62
パートナーシップを引き寄せる……64, 149
ハートの形……58, 59, 148
ハーブアロマの魔法……188
ハーブエキス……80
ハーブエリクサー……160
ハーブティー……46, 75, 80, 81, 82, 85, 87, 89, 90, 91, 163, 164, 166, 170, 229
ハーブの香り……85, 188, 189
ハーブの効能……84, 170
ハーブの女王……86, 164
ハーブの精霊……81
パープル……90
灰……206
バイタリティー……89
パイナップル……76
ハイビスカス……88
ハイビスカスティー……88, 89
パイン……185
吐き気……164
白菜……77
パクチー……169
白髪の魔法使い……116
馬車……4, 36
バジル……189
バスタイム……177
バスタブ……177
肌……73, 87, 169
はちみつ……163
パチュリ……186
波長……201
ハツカネズミ……4, 36
発汗……90
発汗作用……163
はっさく……76
ハッピー……232

強い意志……225
剣……52
つわり……170

【て】
DNA……151
ティーカップ……82, 84, 85
ティースプーン……82
ティーツリー……178, 182, 185
ティーポット……82, 84
ディフューザー……179, 184
デート……87
手助け……4, 81, 87, 143, 152, 153, 154, 161, 198, 204, 209, 212, 213, 217
デトックス……72, 74, 90, 159, 164, 169
手のひら……175
手放したい感情……210
天……30, 34, 141, 142
添加物……73, 74
転生……28
伝説……40, 90, 166
天然素材……60, 64, 66
天然の素材……206
天変地異……32

【と】
問いかけ……99, 100
ドイツ……161
唐辛子……76
洞窟……115
透視……94, 95, 98, 101, 111, 112, 113, 118, 119, 121, 122
透視術……96, 98, 101, 106, 107, 108, 110, 111, 112, 114, 118, 120, 121, 130, 153, 183, 195, 200
透視能力……96, 113, 152, 161
透視能力を高める……127
透視の信憑性……101
透視の魔法……119
頭頂……104, 117, 139, 140
動物……6, 8, 44, 47
透明な心……41
透明の光……103
童話……2, 4, 5, 35, 41
トカゲ……4, 36
徳……38, 39
毒……36
毒薬……159
毒りんご……79
トマト……76
富……38, 39, 127
ドライハーブ……82
ドライハーブティー……80
トラウマ……45
努力……211
ドレス……36

【な】
内省……216
内臓脂肪……78
長芋……77
中指……150, 153
失くした気力を取り戻す……189
なし……76
なす……76
夏……76, 78
夏バテ……88
夏みかん……76
悩み事の解決……43
悩みを解決する道具……68

【に】
肉体……158, 204
肉体感覚……111
二元性の世界観……42
二元性の法則……32, 34
日常のストレス……187

体内の洗浄……75
タイミング……206, 208, 211, 216
タイム……182, 188
太陽……76, 119, 131, 154, 194, 199, 201
太陽神経叢……139, 140, 153
太陽のエネルギー……194
太陽の光……68, 194
タイ料理……169
体力……75
第六感……111, 117
対話……208, 209, 222, 223
タウタンパク……168
滝……114
筍……76
多糖類……167
魂の輝き……69
魂の進化……127
魂の光……69
魂レベル……156
タラの芽……77
男性性……198, 199
男性的な資質……199
タンパク質……167

【ち】

チアシード……162
地位……127
知恵……43, 47, 72, 107, 221, 226
誓い……52, 54, 59, 62, 66, 200, 210, 219
地球……29, 31, 124, 126, 135, 142, 159, 172, 191, 194, 196, 227
父親……103
チャージ……61, 62, 64, 65, 66, 229
チャーム……58, 59, 60, 61, 62, 64, 65
チャクラ……104, 105, 138, 139, 140, 141, 153, 212
中秋の名月……222
中世……33, 34, 45
忠誠心……74
中庸な自分……105, 106, 113
超古代文明……42
長寿……72, 166
超聴覚……111
腸内細菌……73
長老……115
調和の聖域……141
直感力……111, 153
治療……173
鎮静作用……68, 162
沈黙……143

【つ】

疲れ……176, 185
月明かり……201, 208, 211, 222
月とかかわる……198, 222
月とつながる……198
月との絆……222
月との共鳴……223
月との対話……222
月の色……221
月のエネルギー……194
月の形……220, 221, 222
月のサイクル……219
月の囁き……200
月の力……220, 223
月の光……131
月の引き寄せる力……194
月の魔法……200, 201, 216, 219, 223
月の魔力……198, 200
月の満ち欠け……200, 201
月の女神……200, 206, 220
月のもつ魔力……200, 219
月夜……195, 198, 222
土……131, 134, 186, 206
紡ぎ車……38

生命力……43, 78, 126, 154, 155, 167
精油……44, 168, 173, 174, 175, 177, 178, 179, 183, 184, 204
西洋医療……173
生理痛……166
精力……169
精霊……31, 81, 82, 84, 104, 129, 130, 138, 158, 170, 171, 174, 175, 204, 214
セージ……131, 167, 168, 188
世界観……32, 35, 42
世間の常識……94
積極性……154
セッション……29
絶体絶命……43
切なさ……201
絶望感……184, 222
ゼラニウム……180, 186
セルフイメージ……98, 99, 100
セルフケア……158, 180, 184, 228
セルフチェック……228
セレナイト……131, 138, 140, 212
セレナイトムーンライトシャワー……212, 213
セレナイトワンド……138, 140
セロトニン……163
セロリ……76
繊維質……164
宣言……11, 52, 53, 54, 55, 57, 60
線香……171
潜在意識……150, 155, 195, 199, 200, 212
全身……54, 117, 143, 148, 205, 210, 212, 219
前世……44, 45, 48
選択肢……10, 94
善玉菌……72
セント・ジョーンズ・ウォート……162, 163
善なる魔女……35
善なる魔法……39, 40, 41

【そ】

ソイキャンドル……178
爽快な香り……185
臓器……89
草原……114
相乗効果……104, 129
装飾品……127
創造性……199
創造のエネルギー……128.142
創造の聖域……141
創造物……126
創造力……150
供え物……77
尊厳……121
存在価値……120
尊重……8, 121

【た】

ターコイズ……149, 150
体液の過剰……168
体液の浄化……168
ダイエット効果……78, 164
ダイエットの魔法……177
ダイエットを成功させる……151
タイガーアイ……147
太古の時代……43
だいこん……77
胎児……95
大丈夫……2, 68, 69, 148, 222
大豆……178
大切な贈り物……124
大切なことを決める……153
大切な信条……50
怠惰感……185
大地……76, 113, 114, 124, 136, 142, 143, 171, 172, 174, 175, 176, 177, 206

心身の健康……43
人生で最悪な場面……226
神聖な運命……96, 98
神聖な自分……113, 119, 226, 227, 231
神聖な存在……121, 122, 182, 227
神聖な誓い……52
神聖な魔法……220
神聖な水……81
神聖な魅力……220
人生の流れ……230
人生の魔法……232
人生は幸せに満ちている……155
神聖ワンネスの法則……31, 34
人生を楽しむ……67
ジンセン……89
ジンセンティー……89
身体感覚……117
新玉ねぎ……76
新陳代謝……86, 151
シンデレラ……4, 35, 36
神殿……116, 127
シンナミックアルデヒド……168
信念……45, 60, 199, 208, 209, 210, 211, 219
真の魔法……40
心配……88
シンプルな日常……41
シンボル……136, 149
親友……103, 223
信頼……33, 34, 121, 122, 124, 226
信頼関係……128
信頼する……146
心理カウンセラー……43
森林……185
森林浴……184

【す】

スイートオレンジ……180, 181, 182, 190
スイートコーン……76
スイカ……76, 78
スイカジュース……78
スイカデトックス……78
水晶球……50
睡眠をとる……187
スーパーフーズ……162
頭痛……166
ズッキーニ……77
すっきり目覚める魔法……178
ストレスの解放……190
ストレスフリー……86, 151
ストレスを解消する……152
素直な気持ち……230
素直な心……222
スパイクナード……185
スパイス……189
素晴らしいビジョン……199
スピリチュアル……29, 153, 216
スピリチュアルな意識……152
スピリチュアルな世界……186
スピリット……135
スプレー……173, 174, 175, 176, 184
スペルト小麦……162
スムージー……165
スワロフスキー……69

【せ】

正義……45
制限を超えていく……150
静寂……170, 180, 185, 186
精神的な不安……187
精神的な安らぎ……185
聖水……54, 55, 59, 62, 65
精製水……174, 175
聖杯……54, 55, 59, 62, 65
生命エネルギー……100, 101, 103, 104, 114, 125, 158, 175, 176, 177

習慣……30, 42, 152, 202, 207, 219, 222, 223
終止符……215
集中する……6, 86, 187, 188
集中力……85, 184, 188, 189
修道女……161
周波数……14, 16, 61, 62, 66, 74, 111, 121, 126
自由を取り戻す……186
祝福……38, 39, 211, 216, 227
祝福の魔法……211
呪術師……44
ジュニパー・ベリー……177, 187
呪縛……108, 186
寿命……94, 133
樹木の枝……135
呪文……50, 51, 55, 141, 142, 180
受容する愛……230
受容力……199
春夏秋冬……76
循環……40, 50, 51, 65, 66, 124, 160, 167, 180, 229, 230
春菊……77
純粋な空間……112
純粋な心……5, 38, 45, 61, 98, 118
生姜……77
ショウガオール……164
浄化スプレー……172, 176
消化促進……166
浄化の祈り……203
浄化の魔法……178, 202, 203
蒸気……179
滋養強壮……89
上弦の月……208, 209, 210, 211, 219
情熱……68, 100, 150, 180, 184, 209
食事……73, 161, 164
食事会……87
食品添加物……73
植物……6, 30, 46, 47, 173
植物エストロゲン……79
植物園……229
植物界……4, 134, 158
植物の世界……183
食用……159
食欲増進……166
食欲を安定……191
女性性……151, 198, 199
女性的な才能……199
女性ホルモン……78, 79
女性らしさ……77, 151
白髪の魔法使い……116
白雪姫……36, 38, 79
自律神経を整えてくれる……188
シルク……60, 64, 66, 145, 206
シルバー……58, 61, 155
城……4, 38
白い……203, 204, 205
白魔術……33
進化……33, 127, 141, 150
人格……109, 126
神官……30, 31, 32, 33, 127
新キャベツ……76
神経を落ち着かせる……166
新月……194, 195, 196, 198, 200, 201, 202, 203, 204, 205, 206, 207, 211, 215, 219
新月のエネルギー……204, 205
新月の魔法……207
新月の女神……203, 204
新月を迎える……202
ジンゲロン……164
深呼吸……132
新ごぼう……76
真実の剣……52, 54
真実の聖域……141
ジンジャー……163, 164, 170, 189
新じゃが……76
信条……31, 50

サンストーン……154
サンダルウッド……183, 185

【し】

慈愛……199
幸せ体験……215
幸せな人生……1, 15, 232
幸せな波動……206
幸せになれる……223
幸せのボタン……102
幸せの魔法……180
幸せは今ここにある……156
幸せを受けとる……213
幸せを象徴するハーブ……166
幸せを呼びこむ……214
シークワーサー……76
塩……131, 151
持久力……154
自己愛……228
思考の転換……189
思考のマスター……107
自己犠牲……45, 228
自己嫌悪……55
自己信頼……153
仕事運……147
仕事への意欲……147
自己否定……55
自己表現の力をつける……149
資質……29, 199
歯周炎……168
自信を回復……186
自信をつける……154
自然界のエネルギー……194
自然界の恩恵……226
自然界のサイクル……77
自然界の摂理……74
自然界のパワー……74, 75, 82, 86, 231
自然治癒力……160, 161
自然治療……33
自然のハーブ……160
自然の働き……120
自然の法則……77
自然の恵み……77
自然のリズム……220
持続力……154
子孫繁栄……79
シダーウッド……184, 191
実現力……202
嫉妬……100, 105, 184, 219
嫉妬のボタン……103
シトリン……153
シトルリン……79
シナモン……168, 169, 189
シナモンティー……168
シネオール……164
自分軸……15, 57, 101, 106, 113
自分と他人との境界線……102
自分と仲良くなる……228
自分の意志……10, 154, 208
自分の命……232
自分の可能性を開く……150
自分の感情……102, 103, 105, 201
自分の感性……146, 170
自分の心……201, 220, 221, 223, 231
自分のことを相手に伝える……149
自分の才能……41, 228, 230
自分の神聖さ……179, 232
自分の波動……161
自分の目標……148
自分への愛……79, 184
自分らしいスペース……91
自分を祝福する……227
自問自答……99, 228
シャーマン……44
社会環境……99
遮光瓶……173, 175, 176
ジャスミン……159, 177, 180, 186
自由意志……9, 207

幻想……228
原動力……118

【こ】

コイン……64, 65
幸運を引き寄せる……145, 155
幸運を引き寄せる力……127
抗炎症作用……165
好奇心……7, 47, 150
高貴な香り……186
抗菌力……167
高血圧……168, 169
神々しい女神……116
抗酸化作用……78, 79, 166
高周波……172
香草……169
行動基準……219
行動する愛……230
行動に移す……15, 52, 112, 118, 153, 190, 208, 210
行動の原動力……108
行動力……100, 199
口内炎……168
幸福感……41
鉱物……126
鉱物界……4, 125, 151
香用……159
高麗人蔘……89
交流する許可……130, 138
効力……70
ご縁……133, 147, 226
ゴールド……58, 61, 66, 113, 114, 119, 205
五感を活性化する……167
呼吸……105, 212, 221
心に響く場所……229
心のバランスを保つ……188
心の不安……185
心の乱れ……184
心の安らぎ……14, 223
古代エジプト……127, 159
古代レムリア……125, 127, 195
コットン……206
コップ……215
固定概念……108
鼓動……227
ごぼう……77
五芒星……136, 138
小松菜……77
コミット……9, 118, 188
コミュニケーション……30, 149, 150
小指……149, 151
コラーゲン……87
コリアンダー……169, 188
コレステロール値低下……164
今世……48
コントロール……8, 98, 185
困難な状況……208

【さ】

罪悪感……184, 203, 228
サイキック……46
最古のハーブ……168
再誕生……219
才能を開く……48
サイプレス……178, 184
細胞……89, 143, 151
サイン……132
さくらんぼ……76
ざくろ……77, 78
ザクロエラグ酸……79
挫折感……184
殺菌作用……72
さつまいも……77
里芋……77
サプリメント……162, 165
さやいんげん……76
サラダ……161, 169
3回……57, 59, 60, 62, 66, 132, 142, 143, 176

金……38, 39, 127, 135
銀……135
金運……147
金運を引き寄せる力……127
緊張……86, 118, 152, 185, 187, 188
銀杏……77

【く】

空間の魔除け……159
空間を満たす……112
空気……135
空気感……115
空心菜……76
空腹……162
クエン酸……88
具現化する力……127
薬指……150
クラウンチャクラ……104, 105, 139, 140
グラウンディング……185, 186
暮らし……2, 225, 227, 229
クラスター……131, 152
クラリーセージ……69, 182, 187
栗……76, 162
クリアクォーツ……131, 151, 152, 174, 175
グリーン……150, 186
グリーンピース……76
クリスタルの意識……129
クリスタルの効能……146
クリスタルの神殿……127
クリスタルの精霊……130
クリスタルの波動……126, 127, 132
クリスタルのパワー……128, 146, 175
クリスタルの魔法……125, 147, 148, 149, 150, 151, 152, 153, 154, 155, 156
グレープフルーツ……76, 177, 180, 190, 191
クレオパトラ……159
クローブ……189
黒魔術……33
クロロフィル……164

【け】

ケア……86, 131
計画性……199
警告……120, 121
継続する……119, 208
ゲート……96, 98, 100, 107
ケール……162
化粧水……159
血圧を調整する……169
決意……9, 13, 118, 198
血液の循環……160, 167
血行……163
結婚……61, 166
結晶……125
決断……9, 39, 89, 127, 202, 205, 211
決断する愛……230
決断力……153, 199
血流……79
解毒作用……166
煙……131, 171
剣……52
元気……46, 67, 68, 72, 89, 131, 154, 189, 190
元気アップの魔法……88
元気な気持ちを取り戻す……187
健康……52, 72, 73, 74, 75, 89, 154, 162
健康維持……162
健康法……165
顕在意識……110, 195, 212
現実……7, 13, 57, 95, 107, 228
現実化……107, 201, 204, 207
賢者……115
元素……135

可能性を開く……150
可能性を見出す……150
樺の木……135
過敏症……88
かぶ……77
かぼちゃ……4, 36, 77
神……29, 199
神の資質……29
カモミール……88, 177, 180, 182, 183, 187
カモミールティー……88
カラー……82
ガラス……151, 173, 214, 215
ガラスの靴……36
ガラスの棒……173, 175
からだ感覚……116
からだのむくみを解消……165
カリウム……78, 88, 169
カリスマ……161
カリフラワー……77
花梨……76
カルバクロール……166
川……134
柑橘系の香り……68, 184, 190
感じ方の違い……102
感謝すること……183, 215
感謝の言葉……84, 229
感謝の魔法……212, 214
感情解放の魔法……212
感情のエスカレーター……105
感情の解放……212
感情のゲート……106
感情の波……106
感情のバランス……101, 186
感情のボタン……102, 103
感情のマスター……101
感情を解放する……212
感情をやわらげる……185
感性……111, 146, 170, 199
眼精疲労……169
ガンダルフ……116
観念……107, 108
冠……166
眼力……100

【き】

黄色……147, 153
キウイ……77
記憶力……85, 189
気管支炎……90
木々の世界……183
兆し……67, 119, 133, 158, 209
儀式……127, 171, 196, 198
絆を深める……228
犠牲……33
奇跡の木……165
奇跡を起こす……12, 13, 14, 15, 16, 112, 198
季節……76, 77, 78, 229
季節感……77
祈祷師……44
きぬさやえんどう……76
厳しい愛……230
気分転換……87, 187
気分を爽快……190
希望……10, 119
決め事……202, 206
気持ちをリセット……189
ギャンブル……94
休息……229
境界線……102, 105
胸骨……153
胸腺……74, 154
共同創造の道具……113
恐怖……7, 228
許可を得る……94
キラキラ……69, 70, 116, 117, 154
ギリシャ……166
キリスト教……33
気力アップの魔法……87

縁起……77
炎症……168
援助する役割……41

【お】
王様……89, 127
王子……36, 38
王女……38, 39
欧米……80
オーガニック……229
オーク……135
オーラ……55, 60, 64, 66, 138, 171, 174, 175, 176, 212
オーラの浄化……140, 171, 175, 176
オールマイティなハーブ……164
お金……57, 65, 66, 67, 147, 148
お金を引き寄せるパワー……147
掟……8, 94
オクラ……76
贈り物……44, 125, 151, 159
教え……30, 199
雄しべ……194
恐れ……33, 100, 101, 103, 105, 118, 150, 184, 185, 187, 201, 203, 217, 231
恐れのボタン……103
落ちこみ解消……182
お茶……80, 161, 166, 167, 168
音……111
想い……61, 62, 66, 90, 141, 147, 215, 220, 221
重い感情……212
オレンジ……68, 187, 190
オレンジ色……154
恩恵……6, 14, 45, 226

【か】
カーネーション……203, 204
ガーネット……154
ガイア……124, 125, 142, 143,
海外の魔女……40
開拓のエネルギー……202
概念……14, 35, 95, 107
回復……88, 147, 186
解放……88, 106, 108, 150, 170, 184, 185, 186, 187, 188, 189, 190, 203, 212, 213
香り……68, 69, 85, 87, 88, 91, 161, 165, 168, 169, 172, 175, 178, 179
香りの魔法……172
鏡……36, 50, 51, 52, 60, 99, 100, 124, 220
柿……76
覚悟……224, 226
確認する……208, 228
家系……42
下弦の月……217, 218, 219
過去世……28, 29
過去の傷……203, 204
樫の木……135
火事場の馬鹿力……43
風邪……167
家族……42, 215
肩……109
偏った感情……101
価値観……35, 102, 107, 108, 217, 219
価値を上げる……228
活力……89, 154, 170, 188, 189
活力を受けとる……170
叶えたい願い……204
悲しみ……100, 105, 184, 201
悲しみ解消……183
可能性を引き出す力……127

【い】

胃……88
胃潰瘍……88
怒り……55, 100, 102, 105, 184, 185, 190, 201, 212
怒り解消……182
怒りのボタン……102
怒りを解消する……190
生きる意味……225
息を吐く……54
畏敬の念……125, 227
石……131, 147, 155
医師……43
意識ある存在……129, 130
意思決定……43
衣·食·住……125
いちご……76
いちじく……76, 79
胃腸……88
胃腸炎……88
胃腸の働き……163
慈しむ心……196
5つのステップ……112, 119
遺伝子組み換え……74
稲妻……40
命……40, 232
祈りの言葉……179
今ここに愛があるか……227
胃もたれ……164
癒やし……132, 170
癒やしの力……46
癒やしの魔法……86, 138
イヤな自分……110
いよかん……77
イライラ……87, 182, 184, 185, 188, 189, 212
イランイラン……177, 180, 187
イルカ……30
因果の法則……40
インスピレーション……111, 152
インド……165
陰と陽のエネルギー……194
インフルエンザ……90, 167
陰陽……196, 199

【う】

ヴォルデモート……40
渦……106
宇宙の愛……114, 128, 142
宇宙の愛のエネルギー……112, 113
宇宙の叡智……135, 150
宇宙のエネルギー……42, 142
宇宙の応援……16, 101
宇宙の真理……141
宇宙の果て……116
宇宙の法則……43, 121, 226
ウッディーな香り……187
うまくいくよ……222
海……229
海からの贈り物……151
占い師……43

【え】

絵……115
永遠の命……127
永遠の課題……57
永遠の美……172
栄養……73, 162
エキス……75, 80
エキゾチックな香り……186
エキナセア……166, 167
エゴの介在……98
エストロゲン……78, 79
えだまめ……76
エッセンシャルオイル……44
エネルギーセンター……74, 104
エネルギーチャージ……229
エルダーフラワー……90
エルダーフラワーティー……90

魔女入門 索引

(50音順)

【あ】
アーユルベーダ……165
アイオライト……148
相性……128, 129, 132
相手の感情……102, 105, 106
愛で満たされる……227
アイテム……50, 51, 58, 61, 64, 65, 67
愛と信頼の周波数……121
愛と美の女神……166
愛と平和の聖域……141
愛と豊かさの魔法……58
愛に枯渇する現実……57
愛に満ちた人生……57, 227
愛に満ちた存在……180, 214
愛の周波数……61, 74
愛の循環……229, 230
愛の象徴……79
愛の力……40
愛の魔法……177
愛の惑星……81, 82, 227
愛をチャージしてあげる……229
愛を満たす……186
青紫……148
赤い色……78, 126, 154
明るい気分……191
秋……76
悪意のある魔法……38
アクション……229, 230
アクセサリー……58, 124, 145, 146, 156
アクセス……30, 111, 150
悪玉コレステロール……164
悪なる魔女……38
麻……60, 64, 66, 206
朝……109, 133, 158
アスパラガス……76
焦り……69, 208
頭……69, 75, 85, 189
新しいこと……201
新しい自分……202
新しいスタート……204, 218
新しい出会い……64
新しいビジョン……202
アドバイス……43
アトランティス……32, 33, 127
アニメの世界……41
アフリカ……165
アフロディーテ……166
アボカド……77
アミノ酸……165
アメシスト……152, 153
アメトリン……61
新たな決断……202
ありがとうございます……70, 81, 84, 104, 141, 142, 174, 175, 176, 179, 205, 210, 213, 214, 219
アレルギー反応……73
アロマオイル……46, 68, 158
アロマオイルの香り……178
アロマスプレー……174
アロマセラピー……158, 172, 173, 183, 191
アロマディフューザー……179
アロマの魔法……172, 173, 177, 178, 184, 186, 188, 190
アロマバス……172, 176, 177, 178, 184, 191, 203, 204, 229
アロマポット……178
アンクレット……151, 155
あんず……76
アンチエイジング……165
アントシアニン……78, 79
安眠作用……164

●著者プロフィール

穴口恵子（あなぐち・けいこ）

スピリチュアルと現実を統合したスピリアルライフを実践することを通し、誰もが無限の可能性を開き、人生のバランスを取りながら幸せで豊かに生きることを提唱する。

現在、日本でスピリチュアルスクールやショップの運営、セミナー事業等を行う傍ら、聖地として名高いアメリカのシャスタ山でもショップを運営。フランス、アメリカ、ブラジル、インドなどにも招かれ、セミナーや個人セッションを行っている。これまで1万5000人以上が受講してきた個人セッションは好評で、いつでも公開後すぐに予約が埋まってしまうほどである。スピリアルライフをサポートするセラピストの育成に特に注力しており、オリジナルのヒーリングやチャネリングメソッドの認定コースを全国で開催中。世界中にスピリアルライフを広めることで世界平和を実現することを最終目標に掲げ、年間の3分の1を海外の聖地で過ごし、スピリアルライフを楽しみながら、執筆活動、セミナー活動を行っている。

穴口恵子 公式HP　http://www.keikoanaguchi.com/

神聖な自分と出会う魔女入門

自然のパワーを引き寄せ、味方につける7つのレッスン

2016年12月1日　初版第1刷発行

著　者　穴口恵子

発行者　櫻井秀勲
発行所　きずな出版
東京都新宿区白銀町1-13　〒162-0816
電話　03-3260-0391
振替　00160-2-633551
http://www.kizuna-pub.jp/

ブックデザイン　福田和雄(FUKUDA DESIGN)
編集協力　ウーマンウエーブ
印刷・製本　モリモト印刷

ISBN978-4-907072-82-7

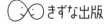

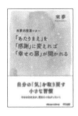

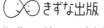

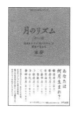

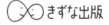

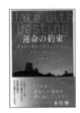